让世界科义起来

李德臻

中华人文素养教程

书法

（楷书卷）

中华优秀传统文化修习教程
全国少儿艺术素质测评教程
世界华人家学文化传承教程

李德臻　主编

潘新国　编审

魏　峰　学术指导

浙江大学出版社
ZHEJIANG UNIVERSITY PRESS

君子人格：人文素养教育之境
——《中华人文素养教程》序

余潇枫 *

（一）

凡人都有其人格，因而人人都是"格"中之人。人格是人的总体形象，现代君子人格是人的价值生命的至高体现，也应是独立人格与公民人格的完好整合。

人至少有"五格"，即体格、性格、品格、资格和规格。体格表征的是一种"生理自我"，通常代表人的外表、容貌和给人的印象等，体格既有先天的因素，又有后天可塑造的可能。性格表征的是一种"心理自我"，通常指人的性格、气质、能力等，是人的心理动力机制的总和。品格表征的是一种"道德自我"，通常指能区分人的高尚与卑下的品质、境界、道德水准以及人的尊严等，是人在后天的行为习惯养成与接受教育过程中形成的德性。资格表征的是一种"法律自我"，通常指法律对人的权利与义务的规定，或是作为主体的权利、义务的确认与获得。规格表征的是一种"角色自我"，不同的社会角色有不同角色行为方式的统一性规定和固定倾向性要求，这些往往通过规格来体现。这"五格"人人都有，各不相同，但五个"格"综合起来则表征的是人的"价值自我"，是人立于世、面于人、从其事的总体形象。

在汉语中，"格"有两种基本词性：一是作为名词的"格"，指定格、规格、格局等，与名词的格组成的相应名词词组有"品格""性格""风格""格言"等，因而"人格"指称人是一种有规定、有准则、有限制的特殊存在物，在名词性的"格"的观照中，人是接受性的、顺从性的、被限定的"存在"；二是作为动词的"格"，指推究、框正、击、打、升等，与动词的格组成的相应动词词组有"格物""格心""格斗""升格"等，因而"人格"指称人是一种行动者、否定者、创造者的

* 余潇枫，浙江宁波人。浙江大学公共管理学院教授、博士生导师，哈佛大学、牛津大学、中国社会科学院高级访问学者，中国首位"昆仑学者"，现为浙江大学全球领导力研究中心主任、浙江大学非传统安全与和平发展研究中心主任、中国高校国际政治研究会常务理事。著有《哲学人格》《人格之境：类伦理学引论》《国际关系伦理学》《比较行政体制：政治学理论应用》《非传统安全概论》等，译著《国际安全研究的演化》《女性主义与后现代国际关系》等，主编《中国非传统安全研究报告（蓝皮书）》《浙江模式与地方政府创新》等，主持"中国非传统安全能力建设""中国非传统安全威胁识别、评估及应对"等多项国家级课题。

存在物，在动词性的"格"的观照中，人并不是一种顺从性的、被限定的"存在"，而是一种通过努力奋斗能创造自己本质的"生存"。提倡君子人格的塑造，强调的是在整合名词的格与动词的格的两种含义的同时，更多地凸显"生存"意义上的"格物""格心""格斗"与人的价值意义上的"升格"。

人格之所以重要，是因为人生活在一个属于人的世界之中，离开人的世界，人就与本然世界的一棵树、一块石头、一只兔子没有什么不同的意义。人格之所以被视作为"人之为人"的标志，还是因为人格是以理性为导引的人的价值动力源，它给予人以主动选择与创造的可能。

（二）

西方社会有民主政治的渊源，由于民主政治的实施需要社会个体的最大可能的参与，故西方社会多崇尚个体示范意义上的"独立人格"。

古希腊雅典法庭曾以"亵渎神"与"蛊惑青年"为由判处苏格拉底死刑，但法庭却同时给苏格拉底留置了可以赎走，也可以逃狱的可能。然而苏格拉底放弃逃生，也不听学生们的规劝，选择了喝毒芹汁而死的方式，并发表演说试图来催醒雅典民主的"沉沦"，成为哲学史上千古传颂的故事。苏格拉底不惜以自己的生命，去维护自己的信仰和人格的尊严，所追求的正是"独立人格"的弘扬。马克思称赞苏格拉底是"哲学的化身"，并称赞他不是作为"神的形象，而是作为人的形象的代表者"。

康德认为人类心灵中最为景仰和敬畏的是"头顶的星空与心中的道德律"，因而，人格说到底就是人的理性崇高性的体现，人格独立问题是"最高伦理学"的研究对象。康德提出了关于独立人格的三大理性判据。其一是精神自由，即理性的自由，理性是人区别于物的标志，自由是整个纯粹理性的"拱心石"，世界上的一切事物都要经过人的理性的"批判"才能逼近真理。其二是意志自律，人格是受意志支配的理性"实体"，其有效性取决于意志的自律性，意志自律表明人要为自我立法，人负有特殊的道德使命，人对自己的意愿与选择要承担责任。其三是良心自觉，即人的善良心、义务感、内心法则，就是人对普遍道德律的绝对尊重，特别是良心自觉强调人不仅要"合于道德"，而且更要"本于道德"，只有"本于道德"才真正体现了人的自觉意义上的良心。康德的独立人格理论强调了人是目的，人格的尊严无价，为人格的塑造建构了理性的价值坐标。

后来黑格尔对康德的独立人格判据进行了"修正"，添加了第四个判据，即"经济自主"。黑格尔认为没有经济自主，人的生存便没有坚实的现实支撑，便没有真正的独立人格可言。黑格尔的修正，在现实性的意义上可以说是一种必要的"完善"，然而在合理性的意义上或许可以说是对康德的一种深深的"误读"。

（三）

中国有贤人政治的渊源，贤人政治是通过榜样的力量激发人们共同努力完成天下大业，故中国社会多追求贤人示范意义上的"君子人格"。

君子人格所蕴含的是道德向高标准看齐与境界向高层次升华的意识自觉，凸显的是正直、正派、正当、正气与正义的价值取向。中国人的所有的德性之学都可以用"君子之道"四字所囊括。中国传统政治思想的一大特点是强调为政者为先的"正心、诚意、修身、齐家"的表率作用，进而才能有"治国、平天下"的可能。中国历史上的禅让制度，大禹治水三过家门而不入的舍小家为大家精神，无数仁人志士为国奉献等等，都是中国式的"君子人格"在历史语境中的践行。

儒家的君子人格是"内圣外王"的最高追求，是以礼为前提，以人伦为核心的对"仁"的追求。孔子认为，"贤人""圣人"必须是"仁者"，有"仁"才有人的价值和人格，同时，人格又是平等的，"人皆可以为尧舜"。儒家对君子人格的塑造主要体现在对"仁、智、礼、义、信、勇"六大美德的追求上。仁者不忧，强调的是仁者"爱人"，对外以爱心对世间万物，对内则要心性和谐，不被那些自己努力达不到的东西，那些为时运所制约的东西，那些人人皆不可抗拒的东西所骚扰，达到不忧不烦的心与物的统一。智者不惑，强调的是智者"知人"，即因知识渊博而心胸开阔，因技能精熟而善解难题，因智慧高深而有自知之明。义者不悔，强调以应当性与合理性处理人际关系，使事事得其所宜，用义而非利作为人格境界的评价尺度，"君子喻于义，小人喻于利""不义而富且贵，于我如浮云"。信者不欺，强调诚实与信用在现实生活中的重要性，"与朋友交，言而有信""道千乘之国，敬事而有信"；信还是立身处世的基础，"民无信不立"，信者不欺，贵在不自欺亦不欺人。勇者不惧，强调的是道德之勇、合乎礼义之勇、呈现浩然之气之勇，孔子认为，"仁者必有勇"，勇者未必有仁，如果说仁、智、勇是天下之"达德"，那么勇与义、礼、智的关系是：勇而无义则为盗，勇而无礼则为乱，勇而无谋则不取。

对中国人来说，仁、智、礼、义、信、勇是构成君子人格的基本要件。孟子较好地继承了孔子的儒家学说与人格理论，提出了永世流传的"大丈夫"型的君子人格，其具体的表述是："居天下之广居，立天下之正位，行天下之大道，得志与民由之，不得志独行其道。富贵不能淫，贫贱不能移，威武不能屈。"而"富贵不能淫，贫贱不能移，威武不能屈"的大丈夫人格正是仁、智、礼、义、信、勇的集中体现，也是君子人格的典型写照。

（四）

无论是西方的独立人格还是中国的君子人格均需要与现代法治社会的公民人格相整合，需要通过对公民的现代人文素养教育而实现传统人格的现代化转型。美国学者英格尔斯则对现代社会的现代公民人格进行了长达几十年的研究，他认为人格三要素是"心理""观念""行为"，这些都切切实实地表现在日常生活之中。现代人格即是"现代心理""现代观念""现代行为"诸要素的集合。英格尔斯强调，人的现代化是社会现代化的前提，而人格现代化又是人的现代化的前提；如果国民在心理、观念和行为上都没有转变为现代人格，不仅其国家称不上是现代化的国家，而且其"失败和畸形发展的悲剧结局是不可避免的"。

现代公民人格为"独立人格"与"君子人格"的现代转型提供了新的理论范式。现代君子人格必须是以现代独立人格为前提的人格，同样现代独立人格也必须以现代君子人格为价值取向，两者又以现代公民人格为其基础。现代公民人格是以法治为前提的非人身依附型的独立人格。可以说，公民人格既是一种道德规范，又是一种法律约束，还是一种责任自觉。当然，在价值排序上，公民人格是基础性的，现代君子人格则是公民人格的价值提升，更具有高位的价值性。

人无独立的人格意识，人是"无我"的，人就属于了实体化和人格化了的那个集群（群落或族群），而君子人格首先是人有独立的君子意识，把自己与小人相区别；同时，君子意识又高于公民意识，如果说公民的价值标准是"合于义务"的话，那么君子的价值标准是"本于义务"。现代君子人格要求在人的生存中发挥创造性的潜力与示范性的张力，以真理为归依，以天下为已任，在整合与超越"本然世界"与"应然世界"的"适然世界"中实现人之为人的至高境界。

人文素养教育为培养现代君子人格提供了重要的路径，也为现代年青追求人格之境提供了重要的可能。君子是"有道"之人，有"人文素养"则是"有道"的前提与基础，"君子坦诚""君子安贫""君子使物""君子崇德""君子博智"等都是君子的人文素养的具体表现。培养现代君子人格的人文素养教育之所以重要，是因为人格化了的世界需要有崇高的人文价值追求。如果说，英国文化的人格化代表是"绅士"的话，那么中国文化的人格化代表则是"君子"。

总之，君子人格是中国人所必然向往与追求的至高价值范式。君子人格是"良知人格"，是"正义人格"，是"勇者人格"，是中华民族人文素养教育之境。在现代社会，无论物质多么丰富、生活多么喧嚣，也无论信息多么刺激、思想多么暴激，只有确立"自觉为人"的君子人格，才使我们有可能在精神家园的寻找中，永远地自主，持续地升华，才使我们有可能去真正导引那生命的律动，去拓展体现"人之为人"的价值生命的无限边界。《中华人文素养教程》正是以其"源于经典，承于主流，彰于特色，重于涵养，便于教学"的原则为现代君子人格的培养提供了正统化、家学化、生态化、实用性、广览性特征的教学文本。"邂逅书香门第里的自己，回归诗礼家国中的斯文"——当代人需从国学中汲取文化营养，以自觉的精神确立君子人格。

"让世界斯文起来"，这是李德臻博士按照孔子大同思想提出的世界愿景。在斯文世界里，"人活在上帝和牛顿之间"，这是历代仁人志士孜孜追求的终极目标，是未来中国乃至全球最生态、最和美、最理想的社会形态，也是人类臻及"诗意栖居"生存范式的一个永续和合的适然境界。

是为序。

余潇枫

二〇一八年八月十二日于浙江大学求是园

博文约礼：人文素养教育之维

——《中华人文素养教程》序

董平*

李德臻先生主编和十多位专家学者鼎力勷襄而成的《中华人文素养教程》付梓之际，希望我能写个序。蒙李先生青眼，聘我为该教程的"首席专家"，下面我就《素养教程》稍谈一些感想。

中国是世界上最早开化而进入文明的国度之一，教育无疑是摆脱野蛮而进入文明的根本有效方式，因此中国也是世界上最早形成独特教育传统的国度之一。生活在两千五百多年前的孔子是中国平民教育的开创者。某种意义上我们可以说，中国历代的教育都是在孔子思想的指引之下的，是对孔子的教育理念、实践方法的继承与贯彻，由此而实现了中国教育的历史绵延。宋朝人有句话，叫做"天不生仲尼，万古如长夜"，这当然并不是说如果没有孔子太阳就不出来了，天下就一团漆黑了，而是说孔子的思想及其德性实践精神照亮了中国人的心灵世界，启迪了中国文化的精神情怀，从而使人们能够沿着文明的道路不断前行，而终究跻身于精神超拔的光大高明之域。

人因教育而进入文明。文明是每一个人的内在向往，是人类基于自身生存而产生的本原性价值关切。孔子最早倡导"有教无类"，充分体现了他在教育上的平权意识。人人都能够而且应该接受教育，经由教育而共同转进于文明的创造，共同享有文明的成果，从而以文明化成天下，协和万邦，确乎是儒家的基本社会理想。这一理想的实现必须以教育为基础。只有人人实现其德性的自觉，并具备自我德性的现实表达能力，作为人群的社会才可能呈现出良序美俗。因此在孔子那里，教育的根本目的就是要使人成为人，由"自然人"而成为"社会人"，由"个体"而成为"主体"。孔子说"主忠信"，即是要以"忠信"为"主本"而建立起自我的全人格。能以"忠信"为本，以之为安身立命的根基，既内有所主，则外在言行方

* 董平，浙江衢州人，现为浙江大学求是特聘教授、哲学系中国哲学博士生导师，担任浙江大学中国思想文化研究所所长、浙江大学佛教文化研究中心主任。兼任中国哲学史学会副会长、中华孔子学会副会长、中国孔子基金会学术委员、浙江省文史研究馆馆员、浙江省稽山王阳明研究院院长等职。曾在央视《百家讲坛》主讲《名相管仲》《传奇王阳明》。主要研究方向为先秦儒家道家哲学、宋明理学与浙东学派、王阳明心学、中国佛教哲学，兼及印度哲学。著有《陈亮评传》《陈亮文粹》《天台宗研究》《浙江思想学术史——从王充到王国维》《老子研读》《王阳明的生活世界：通往圣人之路》《先秦儒学广论》《宋明儒学与浙东学术》等著作，《王阳明全集》（合作）《邹守益集》《杨简全集》等古籍整理著作，以及《东方宗教与哲学》《世界名人论中国文化》（合作）等译著。

有根据，由是而人格得以健全。这一健全人格，即孔子所谓"君子"。"君子"是人格健全的人，是为"成人"。

今天讲教育，都必以"成才"为目的，而不以"成人"为目的，这实在是今日教育的最大误区。孔子讲"君子不器"，最为今日讲教育的人所误会，以为"不器"就是不要求"成才"，而不"成才"就是教育的失败。我坚信孔子之所以从事民间教育事业，定然是为了要培养人才，并且是站在"道"的绝对高度，要培养出能够保持文明传承的种子人才。然而孔子为何要说"君子不器"呢？我们一定要晓得，任何人才的成就，都必须以个体人格的健全与完善为基础性前提。一个对"真己"全然无所知晓，心无所主，而事实上又为人格不健全的人，他连个人的生活责任都承担不起，如何能够指望这样的人来承担起国家大事，能够担当起民族复兴之大业？孔子讲"君子不器"，就是要求人们不要把教育本身当作达成未来功利目的的工具，不能把功利目标作为知识的目的，而要一意"为己"，关注自身人格的健全与完善。只有在健全人格的基础上才可能有事业的真正开拓，惟以"不器"为前提，方能最后"成器"，像子贡那样成为"瑚琏之器"，是为重器美器。达成人格的自觉、健全、完善，即是"成己"，"成己"是"成物"的前提，惟"成己"方能"成物"。所以在儒家的传统理念中，"成己，仁也；成物，智也。""成己"与"成物"的统一，既是"不器"与"成器"的统一，也是"仁"与"智"的统一。这种统一在现实中的确实体现，即是健全人格的表达，以此健全人格为基础，才有事业的成就，是为"君子"。

今天讲教育，又都讲"素质教育"，而人们的做法，大抵给学生塞进一大堆"基础知识"，以为这样做了，就叫做"素质教育"。这又是关于"素质教育"的一大误区。其实人的"素质"，就是人的本原性实在状态。经验生活中，个人的一切成就，都必须是以此"素质"为根基的现实发展。真正的"素质"，就是人在现实中安身立命的基础。照我的看法，孔子才是最早的"素质教育"的提倡者。我们每一个人之所以能够接受教育，通过教育之所以能够成为"君子"，教育作为培养人的"后天的"经验活动之所以可能，都是因为我们人人都"先天地"具有自己的本原"素质"。这个"素质"既是本原的，就不可能是后天习得的，而只能是"天赋的"，所以孔子确信"天生德于予"，孟子坚信"恻隐之心""羞恶之心""辞让之心""是非之心"是人之所以为人的内在根据，"非由外铄我也，我固有之也"。孔子所说的"天德"、孟子所说的"四端之心"，人人生来具足，是"天之所予我者"，不由外铄，非关后天，所以便是人的本原"素质"。正是"素质"的原在才使教育成为可能，因为教育的功能与作用，实际上只在于使受教育者能够自觉到自己有此"素质"的本在，从而使人们能够自觉地加以进一步的封植涵养而使其强固壮大，并锻炼出能够将这些"素质"清晰地、恰当地表达于自己的现实生活之中的能力。在这一意义上，教育其实是人自身本原德性的一种能力呈现，它并不意味着把与人的自身"素质"不相关的东西塞进去，而是意味着要把人的本原"素质"启迪出来。孟子讲"存心养性"，就是强调"素质"的涵养；讲"扩而充之"，就是"素质"表达能力的培养，这就是"素质教育"。如此"素质"，即是德性，德性的表达即是德行；如此"素质"，即是"真己"，"真己"的实现即是"成己"。孔子强调"学以为己"，就是要通过学习的手段与方式使人们能够自觉地意识到"真己"的存在，并将"真己"自身的存在性切实地体现于现实生活之中。如此"真己"的现实表达，不只是德行之善，不只是素质之真，而且是人文之美，所以孔子赞赏"素以为绚"，孟子坚持"充实之为美"。真、善、美的统一原本不只是一种理论，而更是基于"素质"的自我表达而体现在人的生命实践过程之中的。"充实"即是"诚"，外在言行与内在"真己"的相互同一，内外一致，叫做"诚"。"诚"让人快乐，所以孟子说"反身而诚，乐莫大焉"，是为幸福。

教育是要让人幸福，不是要人痛苦。幸福是由于作为本原"素质"的"真己"得到了真实的现实体现而在主体那里所产生的一种快乐，是由于人的本原实在实现了其本身而产生的一种合目的性的内在感受，因此它是内源性的，而不是依赖于外物的。真正的"素质教育"，便是通达于这种"真乐"的途径。

《中华人文素养教程》是依循传统而注重"素质教育"的。其《国学》全书六个单元："孝""仁""义""礼""智""信"，推主编之意，盖欲以"百善孝为先"来奠定学行之根基，而继之以仁义礼智信的实践工夫，可谓紧扣人的"素质"，而深切于今日教育之所需。每课之内容，既有统说，又有原典，既有扩展性阅读材料，又附有思考题，可谓体例完备，而语言简洁，明快通达，尤适合于少年学子。该教程还将诗教、礼教、乐教、历史、家学以及家国情怀、审美趣味、生态理念等等，渗透于《古筝》《围棋》《书法》《国画》《生活美学》诸才艺课程之中，旨在全面涵育学子的生活品味，借以变化气质而转进于"斯文"的雅致。惟自身文雅，方能承继"斯文"之传统而参与于文明的共建。

颜回赞叹孔子，称"仰之弥高，钻之弥坚，瞻之在前，忽焉在后。夫子循循然善诱人，博我以文，约我以礼，欲罢不能。既竭吾才，如有所立卓尔！"中国的传统教育所指向的，从来都不只是一个书本上的学问，而要求须将所学的东西落实于现实的日常生活中去。博学于文，终须归于"约之以礼"，要体现到人在现实中的各种交往情境中去。《中庸》说："博学之，审问之，慎思之，明辨之，笃行之。"一切学问思辨的为学功夫，最终也是要落实到"笃行之"的实践中去的。惟有实践才是一切学问思辨的最后意义与价值所在。我们在这样的"学"与"习"的双重互动之中不断开明自己的德性，不断磨砺自我德性的表达能力，不断展开心身一元的完善人格，不断趋向于真善美统一的光明而崇高的世界，我们将因此而享有人生的幸福。

是为序。

二○一八年九月二十日于浙江大学中国思想文化研究所

| 前

言 |

以浙江大学、西泠印社、中国美术学院、中国围棋协会、浙江师范大学、浙江音乐学院等院校机构的知名学者为学术指导，由浙江大学出版社出版，凝聚着二十多位专家学者、十多位专职编辑人员和三十多位国学才艺任课教师心血与智慧的《中华人文素养教程》（简称《素养教程》），历时三载，六易其稿，终于问世了。

甲、教程编写的时代背景

教育部关于《完善中华优秀传统文化教育指导纲要》，以弘扬爱国主义精神为核心，从爱国、处世、修身三个层面概括了中华优秀传统文化教育的主要内容：

一是开展以天下兴亡、匹夫有责为重点的家国情怀教育。引导青少年学生深刻认识以祖国的繁荣为最大的光荣，以国家的衰落为最大的耻辱，增强国家认同，培养爱国情感，树立民族自信，形成为实现中华民族伟大复兴而不懈努力的共同理想追求。

二是开展以仁爱共济、立己达人为重点的社会关爱教育。引导青少年学生正确处理个人与他人、个人与社会、个人与自然的关系，学会心存善念、理解他人、尊老爱幼、扶残济困、关心社会、尊重自然，培育集体主义精神和生态文明意识，形成乐于奉献、热心公益慈善的良好风尚。

三是开展以正心笃志、崇德弘毅为重点的人格修养教育。引导青少年学生明辨是非、遵纪守法、坚韧豁达、奋发向上，自觉弘扬中华民族优秀道德思想，形成良好的道德品质和行为习惯。通过家国情怀、社会关爱和人格修养三个层面的教育，培养青少年学生做有自信、懂自尊、能自强，高素养、讲文明、有爱心、知荣辱、守诚信、敢创新的中国人。

乙、人文素养的古今诠释

"人文"一词，最早出现于《易经》贲卦的象辞："刚柔交错，天文也。文明以止，人文也。观乎天文，以察时变；观乎人文，以化成天下。"三国时期王弼解释："止物不以威武，而以文明，人文也。"宋代程颐诠释："天文，天之理也；人文，人之道也。"人文，本义为人的道德层面上的品质、风貌和精神境界。素养，乃平时之教养，是人通过教育和实践等途径日积月累起来的整体素质。素养包括政治素养、人文素养、艺术素养、科学素养、职业素养、技能素养、业务素养以及体质素养、心理素养等。其中，人文素养是素养的核心，是人们学习知识内化后而生成的气质修养——高尚的思想品德、稳定的心理素质、良好的思维方式、自觉的行为操守、优雅的审美情趣、和谐的人际关系，以及正确的世界观、人生观和价值观。一个人具有良好的人文素养，最终会体现在崇真、向善、尚美的人生德性品格之中，它不仅可以长效地促进个人的全面发展，还对民族昌盛、社会进步有着至关重要的作用。

丙、素养教育的当代意义

《汉书》云："马不伏历，不可以趋道；士不素养，不可以重国。"在中国，素养教育源远流长，历朝历代皆将其作为立国之本、树人之基。同时，素养教育也是当代之国策，代表着21世纪中国教育和世界教育的方向。素养教育强调家学文化熏陶、社会风气影响、学校教育培养和个人日常修行等多元教育，从本质上揭示了素养教育的模式与方法——传承与创新并存、国教与家学共融、道统与新知同在、认知与践行并重。因而，相对于应试教育、技能训练、职业培训而言，素养教育是对教育规律最直接、最全面、最深刻的揭示与阐释。素养教育的目的，是为了唤醒人的良知，重塑人的信仰，启发人的智慧，陶冶人的情操，砥砺人的意志，五个方面相互关联，构成了人的整体素养，涵盖了人的全部精神世界和人生智慧。素养教育将人文素养作为人的第一要素，强调教育的第一责任是通过"传道、授业、解惑"的教学活动帮助受教育者树立正确的世界观、人生观和价值观，掌握"修身、齐家、治国、平天下"的经世才能。素养教育始终遵循格物致知、知行合一的原则，将个人的思想品行、担当精神、好学敬业、审美情趣、家国情怀作为衡量一个人素养水平的基本标准。

丁、素养教程的编写意图

《关于实施中华优秀传统文化传承发展工程的意见》指出，围绕立德树人根本任务，遵循学生认知规律和教育教学规律，按照一体化、分学段、有序推进的原则，把中华优秀传统文化全方位融入思想道德教育、文化知识教育、艺术体育教育、社会实践教育各环节，贯穿于启蒙教育、基础教育、职业教育、高等教育、继续教育各领域。以幼儿、小学、中学教材为重点，构建中华文化课程和教材体系。编写中华文化青少年读物，开展"少年传承中华传统美德"系列教育活动，创作系列绘本、童谣、儿歌、动画等。修订中小学道德与法治、语文、历史等课程教材。

综观非学历教育培训机构所采用的国学（含启蒙国学，下同）教材，至今未有真正意义上的教材，一直来以传统读本代教材，千篇一律，一成不变。艺术教材也存在一个偏颇的问题，只强调"技"的教学，忽视了"道"的层面，培养出来的学生，其作品缺少创意、缺少灵气，缺少思想境界。楼宇烈先生提出："中国艺术注重表意，讲究体悟，修养道德自觉，强调'以道统艺，由艺臻道'，借由艺术上通下达，实现对世俗尘嚣的超越，并最终实现自我精神的提升。"就国学教材而言，至少需具备五个要素：一是具有主题鲜明的中华传统文化教育思想，二是按照课程大纲内在文化体系编排的单元体例，三是符合学生年龄心理特征安排的教学内容，四是适合课堂教学活动开展而设置的思考题，五是以家学文化为背景、以诗礼相成为模式、以知行合一为原则设置的实践练习；就传统才艺教材而言，除基础知识和基本技能教学外，还需要有德育、美育的渗透，有诗情的融合，有通识教育，有课外广览的延伸。基于此，我们于2015年9月定规划、聚人才、举财力、分步骤启动"中华人文素养教程研发工程"（简称"素养教程"研发工程）。"素养教程"研发工程建设分三个阶段完成：

"一五"期间（2015—2019），前三年完成《素养教程》课程大纲的编制；完成《素养教程》国学、古筝、围棋（级位卷）、书法（楷书卷）、国画（花鸟卷）、生活美学（茶艺、花艺、香艺、女红、服饰、妆容）教程的编著与出版；后两年完成与《素养教程》相配套的《素养体验式教学案》的编写与出版。

"二五"期间（2020—2024），前三年完成《素养教程》诗教、琴箫、围棋（段位卷）、书法（篆隶卷）、国画（山水卷）、心性美学（太极、品诗、知礼、赏乐、鉴宝、颐生）等科目教程以及相配套《素养体验式教学案》的编著与出版；后两年启动针对国内贫困地区和海外华人家庭少儿免费学习的《启蒙诗礼乐》公益教育云课程的编著。

"三五"期间（2025—2029），前三年完成《素养教程》家学、胡笛、象棋、书法（行草卷）、国画（人物卷）、民俗工艺（陶艺、沙艺、布艺、纸艺、扎编、皮影）等科目教程以及相配套《素养体验式教学案》的编著与出版；后两年完成《启蒙诗礼乐》公益教育云课程的编著。

戊、素养教程的编写特色

1. 编辑方针：课程大纲遵循"明德养正，精艺博学；诗礼相成，知行合一"的教学理念，围绕人文素养教育"唤醒正念良知，启迪理性智慧，激发审美雅趣，培育家国情怀，涵养斯文品质"五大重点，把国学文化精神渗透于各科目教程之中，通过教学全面提升学员的人文素养，培养有品德、有智慧、有担当、有家国情怀、有斯文大爱精神的当代才子佳人。

2. 编辑原则：源于经典，承于主流，彰于特色，重于涵养，便于教学。

3. 教程特征：正统化、家学化、生态化、实用性、广览性，这些特色恰好与教育部教材改革目标不期而遇，成了部编新教材的有益补充。

（1）正统化——正心笃志、崇德弘毅、仁爱共济的淑世精神教育。教程以中华优秀传统文化为源泉，将诗教、礼教、乐教、经学、史学、美学和君子精神渗透于人文素养教育课程之中，注重"为天地立心，为生民立命，为往圣继绝学，为万世开太平"的励志教育，强调知人论世能力、守正创新意识和审美情趣的教育，为学员启明德的品性，确立善的正念，播撒诗的种子，教化礼的言行，培育艺的情趣，在学习才艺的过程中接受中华传统美德的熏陶，在潜移默化中逐渐形成健康的人格和正确的世界观、人生观、价值观，进而涵养当代才子佳人的浩然正气、聪明才智和斯文品质。

（2）家学化——诗礼相成、立己达人、经国济世的家国情怀培养。教程着眼于以书香门第为代表的世代相传的中华家学，追溯历代家学渊源，充分汲取传统家训、家书、治家格言和孝经、弟子规、百家姓等宝贵的家学资源，提炼其精华渗透于诸课程之中，强调和家睦邻、推己及人、立己达人，崇尚见贤思齐、与人为善、成人之美，弘扬国家和民族大义，培育青少年"修身、齐家、治国、平天下"的家国情怀，并逐渐内化为自强不息、厚德载物的君子精神和"穷则独善其身，达则兼济天下"的士人品格。

（3）生态化——道法自然、天人合一、和合共生的生态良知回归。"乾知大始，坤作成物"，中华书香文化源于宇宙乾坤，植根于自然厚土。教程坚持将人文素养教育放置于生态文化的大背景中，《素养教程》共出现动物名称 187 种、植物名称 215 种，注重自然规律、乾坤通识传授，强调珍爱自然、敬畏自然、向自然学习、与自然和谐相处，旨在让学员领悟生生之德、仁民爱物、民胞物与的生态道德，萌生人类应有的恻隐之心，确立人与自然万物和合共生的观念，进而内化为自觉维护斯文世界的深情大爱。

（4）实用性——文脉贯通、一经三纬、知行合一的课程体例架构。课程结构始终以历代优秀传统文化为经线，并与基础知识、基本技能、审美情趣三个维度交织而成；体例编排以知行合一为原则形成教学、自学、课外亲子体验活动"三位一体"的课程结构；内容的选取、难度量度的确定，均考虑到教师撰写教案和实施教学的参考实用性。使用本教程组织教学或自学时，可根据不同家庭文化背景、年龄特征和原有知识水平，把握好难易度，让学员在愉悦、思考、自觉的状态下学习传统文化，以提高学习效果。

（5）博览性——增加阅读、开阔视野、培养能力的课外学习导向功能。教程以主题设置单元，单元伊始设有"单元概述"，以起到挈领引导作用；单元末尾设有"教学建议"，其中"广览博学"按照科目为学员提供国学阅读书目、古筝练习曲目、围棋名局精粹、书画名作欣赏、生活美学雅集领略等导向性文献提示。在遵循正宗经典原则的基础上，依据单元主题，适度增设一些注重文化背景和情境的，具有代表性、权威性、针对性的文献，以增加教程广览博学的功能，便于教师、家长、成人学员和一些学习能力较强的少儿学员增加阅读量和练习强度，提高才艺专业度，开阔文化视野，并逐步养成自觉查阅文献和习修才艺的良好习惯。

"路漫漫其修远兮，吾将上下而求索"。传承中华书香文化，涵养当代才子佳人，通过推行全民人文素养教育"让世界斯文起来"，是历史赋予华夏民族的伟大使命，任重而道远，需要一代代仁人志士的不懈努力。在中华人文素养教程研发方面，我们只是率先做出探索性的实践，意在抛砖引玉，以期有更多志同道合之士投入人文素养教程建设，有更多的优秀教程不断问世。

莫问"同予者何人"——当国教家学的本质回归人文素养教育，当书香文化成为大众的人文信仰，当我们的下一代自觉地"邂逅书香门第里的自己"，当全社会自信地"回归诗礼家国中的斯文"之时，你我一道漫步在五千年中华文化朗照的"斯文世界"之中……

丙申年二月初三于杭州五云山泊云居（初稿）
戊戌年六月初六于杭州六和圩获湾里（定稿）

目　录

书法，源于中国，伴随着汉字的演变，由实用书写上升到艺术审美，是一门具有中华民族独创性的艺术。它"无色而具图画之灿烂，无声而有音乐之和谐"，丰富了人类的精神世界，在中国艺术史上占有重要地位。

一、书法的历史文化意义

1. 书法与自然规律的关系

书法源于自然，书法家通过认识自然万物的发展规律，体会、揭示其中蕴含的生命哲理，再通过书法这种独特的形式表达出来。"夫书肇于自然，自然既立，阴阳生焉；阴阳既生，形势出矣。"（东汉·蔡邕《九势》）中国古代朴素唯物主义认为，矛盾运动中的万事万物都可以概括为"阴""阳"两个对立的范畴，阴阳变化的原理可以用来说明物质世界的运动。而书法运笔中的提按、轻重、快慢，线条的肥瘦、方圆、曲直、刚柔，结字章法的欹正、疏密、虚实，以及墨色的燥润、浓淡等，都体现了事物对立统一的发展规律。

唐代张怀瓘曾提出"书者法象"的美学命题。书法家们往往从自然界的千变万化和人类丰富多彩的生活中体会书法的形态变化之美，把自然的美感投射到笔墨线条之中，把握、效法自然万象，融会贯通于书法之中。总之，书法艺术与自然规律息息相关，世间万事万物发展变化中体现出的对立统一关系，都能在书法中得到体现。同样，优秀的书法作品，也必定源于自然之美。

2. 书法与中华文化的传承

书法是中华国粹，包罗万象，博大精深，书写的不仅是文字，更是中华民族世代相传的文化瑰宝和精神信仰，学习书法，对于中国古代的艺术研究与文化传承具有重要意义。

世界四大文明古国之中，只有中华文化流传不息。这其中，离不开汉字书法的功劳。中国哲学以"天人合一"作为最高的精神境界，强调和谐统一，有着海纳百川的胸襟和气概。汉字不仅具有记载的工具性功能，还通过书法的表现创作出一种独特的审美艺术。书法作品的审美观念中所体现的文化思想，是中国传统文化思想的重要组成部分，超越了阶级与时空，存在于中华民族之中。"写好中国字，做好中国人""篆隶真草行世界，横竖撇捺点人生"，国人自觉地将写字与做人的境界，书法与人的世界观、人生观联系起来，从而使汉字书法成了中国人的精神——中华民族的文化信仰。梁启超曾说："吾中国以书法为一美术，故千余年来，此学蔚为大国焉。"蔡元培认为"此学乃是家国命运之根"，大学需以书法为核心载体，广泛实施"美育教育"，旨在通过点滴笔墨树立广大青年的文化信仰，"一点一画支起中国脊梁，一提一按激发民族脉动"。

中国哲学崇尚"道法自然""天人合一"，注重"自强不息，厚德载物"，强调"人与万物和合共生"。汉字书法源于自然，最早的象形汉字就是对自然物形象的描绘，并随着社会的发展逐步形成象形、指事、形声、会意、转注、假借"六书"。书法与绘画的关系十分紧密，它们都源于自然，自古相通，有"书画同源"之说。如唐代张彦远曾提到："书画异名而同体"，清代的石涛也曾说："其具两端，其功一体"。除此之外，中国古代雕塑中也蕴含着书法的特征，从布局到主体，亭台楼榭的空灵、飞动都与书法的结体章法与气韵节奏密切相关。

书法从诞生之日起就与中国社会的发展同步，反映着不同时代的社会风俗和精神面貌。中国书法的时代特征是，"晋人尚韵、唐人尚法、宋人尚意、元明尚态"。从字体上看，无论是古朴的篆隶，严谨的正楷，还是流畅奔放的行楷，其点画之间的映带，笔意之间的气势，无不体现时代的特征和与时俱进的精神；从法度上看，书法的笔法、结字和章法"三要素"，讲究方圆兼备，藏露互现，体现了中国传统文化中的意象思维。

3. 书法与人的品德修养

早在西汉时期，杨雄就提出了"书为心画"的理论。书法是一种心灵的艺术，具有遣情达意的抒情功能。"达其情性，形其哀乐"，书法家们往往通过笔墨的流动来体现自己的情感心绪。孙过庭在《书谱》中提到："虽学宗一家，而变成多体，莫不随其性欲，便以为姿；质直者则径侹不遒；刚很者又倔强无润；矜敛者弊于拘束；脱易者失于规矩；温柔者伤于软缓；躁勇者过于剽迫；狐疑者溺于滞涩；迟重者终于蹇钝；轻琐者淬于俗吏。"说明书法创作与作者的个性气质之间有着密不可分的联系。纵观历史上著名的书法作品，如《兰亭序》《祭侄文稿》《黄州寒食帖》《自叙贴》等，无一不是作者情感的流露，人格的外化。林语堂在《中国人》中写道："在书法上，也许只有在书法上，我们才能够看到中国人艺术心灵的极致。"也正因如此，书法才能从原本的实用性上升到艺术的高度。

除表达情感外，书法更能体现出一个人的道德品质和审美情怀。清代李毓秀《弟子规》中写道："墨磨偏，心不端，字不敬，心先病。"唐代柳公权也曾提出"心正则笔正"的著名理论。在学习书法的过程中，人们的性格也会得到陶冶和升华。首先，书法的入门课程是基本功的练习，包括习字姿势与基本笔画的学习。学好书法不是一朝一夕之功，古人有"墨成池，笔成冢"的事迹，习字贵在坚持，而书法练习，恰恰就是磨练意志的重要途径与方法。其次，当书法学习达到一定的高度，学习者可以从中体会到别样的乐趣。欧阳修曾提出"学书为乐""学书消日"的理论，苏轼也认为书法可以"自乐于一时"，陆游甚至说好的书法作品可以"不药而愈""不食而饱"。由此可见，书法不仅可以自娱，还可以娱人。

二、书法教学的当代意义

书法作为我国独有的民族文化，在我国文艺的历史长河中占有重要地位。随着社会的进步和发展，书法教育也得到了越来越多的重视。规范、整洁的书写汉字是顺利进行书面交流的基本保证，也是学习其他课程以及培养终身学习能力的基础。学好书法，对人们良好习惯的培养以及综合素养的提高具有重要意义。

书法不仅可以培养学书者的观察力、思维力，还可以提高其审美水平，更能培养其道德品质。学习书法，不仅在于"写好中国字"，更在于培养人的思想品德和美学情操，从而"做好中国人"。在临摹经典碑帖和欣赏名家书法作品的同时，让人们以历代名言警句、优美诗文为内容进行书法创作，用传统的艺术形式表达、传播健康、积极的思想内容，将艺术性和思想性有机结合，在潜移默化中提升人的道德修养和综合素质。

教育部发布的《中小学书法教育指导纲要》提出，中小学书法教育以语文课程中识字和写字教学为基本内容，以提高汉字书写能力为基本目标，以书写实践为基本途径，适度融入书法审美和书法文化教育。其中在毛笔学习上，要求在学生掌握毛笔的执笔要领和正确的书写姿势，了解笔、墨、纸、砚等常用书写工具的常识的基础上，从运笔方法的学习，到尝试临摹楷书经典碑帖。并在书写的过程中，了解字体的演变过程，感受字体不同的美。练习到一定阶段时，能够结合语文、历史、美术的相关学科，认识中国书法的丰富内涵和文化价值，提升文化修养。

基此，《中华人文素养教程·书法（楷书卷）》（以下称《书法》）的编写方针是，在注重书法基础知识、基本技能教学的同时，充分发掘书法内在的自然精神、人文思想以及美学元素，培养学员对传统文化的热爱，提高民族的自尊心、自信心与自豪感。

三、《书法》教程体例与特征

1.《书法》教程课文体例

《书法》教程按照"传承中华书香文化，涵养当代才子佳人"的办学宗旨，"明德养正，精艺博学；诗礼相成，知行合一"的教育理念和"博观约取，厚积薄发；循序渐进，推陈出新"的教学原则设置课程大纲。教程以颜真卿楷书代表作品《颜勤礼碑》为习字帖，以欧阳询《九成宫醴泉铭》、柳公权《玄秘塔碑》、赵孟頫《胆巴碑》为参照帖，按照书法概述、汉字笔画、偏旁部首、汉字结构、书法布势、书法作品的知识序列，安排6个单元，共36篇课文。每课由"历史典故""基础知识""基本技能""诗书人生""翰墨书香""乾坤通识""知学思考""知行合一"等八个部分构成，力求做到学艺与德育、知识与技能、临帖与审美、主题与通识、阅读与思考、讲授与练习、课内与课外以及专业性与趣味性、历史渊源与时代意义的融合统一，相得益彰。教学课时建议：小学中高年级阶段，每篇课文拟安排4课时，加上任课教师自行安排的单元串讲、阶段复习、各类知识性竞赛，整本教程需讲授160课时；小学低年级阶段，每篇课文拟安排6课时，需通过教学案细化增加一些故事、诗歌唱诵等内容，以增加教学的趣味性和降低学习难度，总课时为240课时；幼儿阶段，每篇课文过教学案细化增加一些故事、诗歌唱诵和游戏等内容，以增加教学的趣味性和降低学习难度，总课时为320课时。

该教程"历史典故"安排36则书法名人的有趣故事，重在引起学员的学习兴趣，领悟作为习书之人的德性品格；"诗书人生"安排36首与书法相关或脍炙人口的古诗词，重在培养学员的文学涵养和诗意情趣；"翰墨书香"安排36则书论，重在提高学员的理性认识；"乾坤通识"安排了与书法相关的常识性内容以及欧体、柳体、赵体基础知识；"知学思考"为课堂思考题，重在培养抽象思维能力；"知行合一"为家庭亲子教育练习题，旨在巩固所学知识，训练学以致用的能力，并养成家庭学习的风气。此外，每个单元之后，设有"本单元教学建议"，以供课堂教学和学员自学参考，其中"广览博学"提供了一系列古典文献书目和相关视频，旨在为学员的课外学习起到导向作用，培养学员自觉阅读的良好习惯。

该教程旨在为学员提供一套完整规范、简明易懂、意趣盎然、寓品德和审美教育于书法教学之中、融课堂教学与亲子家教为一体的课程体系。该教程适合于儿童、少年、成人不同层面的教学，教师组织课堂教学和学员自习时，需根据不同的家庭文化背景、学员年龄特征、原有文化知识水平来选用，掌握好难易程度，以取得更好的学习效果。

2.《书法》教程单元主题

第一单元"书法概述"，认识书法，了解书法的定义、汉字演变、五大书体、文房四宝、书法要素以及书写姿势和技法等基本常识；第二单元"汉字笔画"，了解并掌握永字八法、基本笔画、变化笔画以及笔画的运用等基础知识；第三单元"偏旁部首"，掌握字首、字底、左偏旁、右偏旁以及包围部首的书写方法和注意事项；第四单元"汉字结构"，掌握独体字结构、上下结构、左右结构和包围结构等汉字结构的相关知识；第五单元"书法布势"，掌握书法布局时取势端正凝重、呼应连贯、同形求变以及形态各异的相关知识；第六单元"书法作品"，掌握关于书法创作的知识，包括作品形式、格式、布局、创作以及书法作品的欣赏。

3.《书法》教程特色优势

《书法》教程，具有鲜明的特色和优势。概括起来，主要有三个方面：

第一，通过与历史典故、古典诗词、书法理论、通识的对接，将品德教育、意志训练和审美教育渗透于书法技能教学之中，重在拓展知识、引导思维，在书法技能教学中启发人生智慧，挖掘中国书法的内在精神。

第二，通过一系列的亲子互动、知行实践教学活动，构建起书香家学、翰墨人生的文化空间，从而促使书法教学能真正成为中华人文素养教育的主要课程，为培养有人生志向、社会担当、家国情怀和审美情趣的当代才子佳人，发挥应有的积极作用。

第三，本教程的课程设置为正楷。颜体适合初学者打好基础，因此基础知识与基本技能部分，以《颜勤礼碑》为例来安排教学内容。同时，为兼顾不同层面、不同爱好的群体，在通识中编排了同为"楷书四大家"的欧阳询、柳公权、赵孟頫书法的相关知识技能，还编排了教育部推荐的名家书法作品的导读与欣赏，旨在拓宽学员的书法知识，提升艺术审美能力，加强对中华优秀传统文化的认知。

潘升国

丙申年谷雨于杭州

第一单元　书法概述

本单元概述

　　本单元安排的课程内容和教学目标是：引导学员认识书法，了解书法的定义、汉字演变、书法要素、文房四宝、五大书体以及书写姿势和技法等基本常识；通过学习《蒙恬（tián）造笔》《仓颉（jié）造字》《孔丹造宣纸》等历史典故，了解书法的起源，激发学习书法的兴趣；通过赏阅《四友赞》《劝学》等古诗，了解文房四宝的文化意义和历史价值，懂得珍惜时间，不虚度光阴，养成坚韧不拔的性格；通过理解《九势》《书苑（yuàn）精华》《笔阵图》等书论作品中的名句，明白书法发端于自然，自然万物的形态和意趣都可用书法来表现，并知道书法执笔之法。

　　本教程所采用的教学书体为颜体，以《颜勤礼碑》为主要参考内容。

第一课　汉字渊源与演变

【历史典故】

仓颉造字

相传，仓颉是轩（xuān）辕（yuán）黄帝的史官，黄帝分派他专门管理牲口的数目、食物的数量。他不仅聪明能干，做事也尽心尽力，很快就熟悉了所管的牲口和食物，很少出差错。可慢慢地，随着牲口、食物的数量变化，光凭脑袋很难记住。当时既没有文字，也没有纸和笔，该怎么办呢？仓颉苦苦思索，寻找解决问题的办法。

仓颉先是在绳子上打结，用不同的颜色分别代表不同的牲口、食物，用绳子打的结代表各自的数目。但新的问题又随之产生：可以用在绳子上打结来表示数目增加，但是数目减少时，在绳子上解个结就很不方便。于是他又想了另一种方法：在绳子上打圈，在圈里挂上各种各样的贝壳来代替他所管的东西。数量增加时就添一个贝壳，反之则去掉一个贝壳。这个办法倒也管用，一连用了好几年。黄帝见仓颉这样能干，让他管的事情愈来愈多，包括祭祀（sì）的次数、狩（shòu）猎的分配、人口的增减等。这样一来，添绳子、挂贝壳的方法也解决不了问题了。

后来，仓颉在一次集体狩猎中受到启发：既然不同的脚印可以代表不同的野兽，我为什么不能用某种符号来代表我管理的某种事物呢？他高兴地跑回家，创造出各种符号来表示各种事物，把各种事物管理得井井有条。黄帝知道后，十分赞赏，命令仓颉把这种方法传授到各个部落。渐渐地，这些符号的用法推广开来，就这样形成了中国最早的象形文字。

阅读启示：仓颉借鉴猎人以脚印辨认野兽的经验，以符号代表事物，从而创造出象形文字，被后人尊为"造字圣人"。他这种好学善思、孜（zī）孜以求的精神，值得我们学习。

【基础知识】

汉字的演变

在世界上所有的国家里，只有中国文字始终没有间断。汉字的演变过程大致为：甲骨文、金文、篆（zhuàn）书、隶书、草书、楷书、行书，这七种字体被称为"汉字七体"。

1. 甲骨文

甲骨文，也称龟甲文字、殷墟文字，是商周时期用于占卜记事而刻（或写）在龟甲和兽骨上的文字。甲骨文是比较成熟的文字，它以象形、假借、形声为主要造字方法，已具备后代汉字结构的基本形式，也是中国已发现的古代文字中时代最早、体系较为完整的文字。

甲骨文

2. 金文

金文是商、西周、春秋、战国时期铜器上铭文字迹的总称。金文多为象形字和由象形字合成的会意字，笔画较粗，弯笔多，又因多采用模具刻印的方法，更显生动逼真，就像一幅幅象形画。

金文

3. 篆书

篆书包括大篆和小篆（后世所称的篆书一般指小篆）。大篆本名籀（zhòu）文，起于周末，后来行使于秦国，代表作为《石鼓文》等。小篆又名秦篆，指秦始皇帝统一文字所用的书体，相传为秦国丞相李斯所创，汉代沿用，代表作为《泰山刻石》《峄（yì）山刻石》等。大篆开始具有了线条化和规范化的特点，但是字体繁复，偏旁常有重叠，书写难度大。小篆形体笔画省简，字数增加，书写相对容易，中国文字发展到小篆已趋规范化。

战国·《石鼓文》（局部）　　　　　　　　秦·李斯《峄山刻石》（局部）

4. 隶书

隶书由篆书发展而成，字形横长竖短，多呈宽扁。隶书分秦隶、汉隶和八分。秦隶指秦始皇时期使用的简体字。汉隶的形体、笔势有了变化，到东汉中期形成了庄重典雅的新体，熹（xī）平四年（175）以新隶体立石经于太学，成为国家的标准书体，代表作为《张迁碑》。八分体也是隶书体的形态之一，书写时讲究从上方运笔下来，左右相背的外拓法，代表作为《曹全碑》。

东汉·《张迁碑》（局部）　　　　　　　　东汉·《曹全碑》（局部）

5. 草书

草书形成于汉代，从汉到唐，有章草、今草、狂草之分。汉初通用的是草隶，后来又发展成为章草，如西汉史游的《急就章》。汉末，张芝又变章草为今草，如张芝《冠军帖》。到了唐朝，又出现了狂放多变的狂草，如张旭的《古诗四帖》。

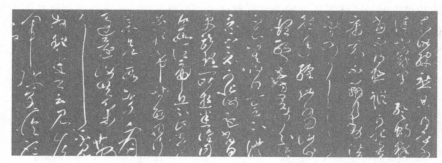

东汉·张芝《冠军帖》（局部）

6. 楷书

楷书由隶书逐渐演变而来，是汉末继八分书后新出现的书体，六朝以来，称其为真书、正书或楷书。楷书完全清除了隶书中残存的小篆的影响，字形方正严整，用笔中锋，笔画平直，结体整齐，容易辨识，为初学者入门的首选书体。楷体书法最为著名的是欧（欧阳询）、颜（颜真卿）、柳（柳公权）、赵（赵孟頫 fǔ）四大家。

唐·柳公权《玄秘塔碑》（局部）

7. 行书

行书是指介于草书和楷书之间的流畅书体。行书本是由楷书在日常应用中笔划连写或小有变异形成，既便于书写，又不像草书难以辨认，是实用性和艺术性皆高的一种书体。行书著名的书帖有王羲（xī）之的《兰亭序》《快雪时晴帖》《初月帖》，颜真卿的《祭侄文稿》，苏轼的《寒食帖》，王珣的《伯远帖》，王献之的《鸭头丸帖》等，其中最为著名的是王羲之的《兰亭序》，它是书法史上光照千古的南派行书的艺术瑰宝。

东晋·王羲之《兰亭序》

汉字的演变是从象形的图画到线条的符号，再到适应毛笔书写的笔画以及便于雕刻的印刷字体，在传承中华文明的过程中具有极其重要的作用。

【基本技能】

理清汉字"甲骨文→大篆（金文 / 籀文）→小篆→隶书→草书→楷书→行书"字体演变史，制作成图表并记住要点，知道各种字体的特征和历史年代。

字体演变		出现朝代	盛行朝代	书写工具	书写材质	表现形式
甲骨文		新石器时代（约1万年前—约4000年前）	殷商时期（约前1600—约前1046）	刻锲（qiè）	龟壳、兽骨	图形
大篆	金文	西周（约前1046—约前771）	东周（约前770—约前256）	刻锲、铸（zhù）造	青铜器、钟鼎	图形线条
	籀文					
小篆		秦朝（前221—前206）	西汉（前202—8）	毛笔、刻刀	石碑、崖石	线条
隶体		西汉	东汉（25—220）	毛笔	简、帛（bó）	线条
草体		东汉	唐（618—907）宋（960—1297）	毛笔	纸	线条
楷体		东汉	晋（265—420）、唐	毛笔	简、帛、纸	线条
行体		东汉	晋、唐、宋	毛笔	纸	线条

【诗书人生】

上清宝鼎诗（节选）

唐·李白

篆字若丹蛇，逸势如飞翔。

归来问天老，奥义不可量。

赏阅：

篆书好似赤色的长蛇，飘逸的态势如飞翔一般。回来后询问黄帝的辅臣天老，他说其中的奥妙精义难以捉摸估量。

上清是道家所称的三清境之一，有道教宫观以此命名。鼎的本意是古代烹煮用的器物，道家用以炼制丹药。李白的这四句诗，写出了刻在上清观宝鼎上篆书灵动的态势，天人都难以估量其中的奥义。

李白（701—762），字太白，号青莲居士，自称祖籍陇西成纪（今甘肃静宁西南），幼时随父迁居绵州昌隆（今四川江油南），唐代伟大的浪漫主义诗人。李白生于盛唐，二十岁开始广泛游历名山大川和拜谒（yè）社会名流。天宝元年（742），供奉翰（hàn）林，其文章风采，才华横溢，为玄宗所赏识，因不能见容于权贵，弃官而去，后来受牵累被流放夜郎。其诗大多描写山水风光和抒发内心情感，诗风雄奇豪放，清新飘逸，意境奇妙，被后人誉为"诗仙"，与杜甫并称为"李杜"。有《李太白集》。

【翰墨书香】

夫书肇（zhào）于自然，自然既立，阴阳生焉；阴阳既生，形势出矣。

——东汉·蔡邕（yōng）《九势》

赏阅：

书法来源于自然的启示，自然之物，体现在书法中便产生了阴阳两极。有了阴阳两极，书法的形体和态势也随之形成（蔡邕站在哲学的高度，指出宇宙自然是书法产生的本源）。

蔡邕（133—192），字伯喈（jiē），陈留圉（yǔ）（今河南杞县）人，东汉时期文学家、书法家，官至左中郎将，创"飞白书"字体。有《蔡中郎集》《九势》《笔论》等。

【乾坤通识】

甲骨文发现之谜

清朝光绪二十五年（1899）夏天，国子监（jiàn）祭酒王懿（yì）荣患了疟（nüè）疾，久久不见好转。光绪皇帝听闻后，派师傅翁同龢（hé）与太医前去探视。太医诊断后开出的药方上有一味名叫龙骨的药，略通医理的王懿荣想看看究竟什么是龙骨，却发现已经被捣碎了。于是，他又让家人去药店买来了龙骨，发现上面有很多划痕。凭借扎实的金石学功底，他马上意识到这些划痕不同寻常，很像是古代的一种文字。他马上派人把药店里带有符号的龙骨全部买下，并公开高价购得此类龙骨1500余片。仔细研究后，王懿荣进一步断定这是商代专门用作记载的甲骨，上面刻的是我国最古老的文字——甲骨文。

王懿荣揭开了3000多年的甲骨文之谜，在社会各界引起了轩然大波。从此，无论学者还是商人，都竞相收集求购甲骨文。为了纪念王懿荣最先发现了甲骨文，后人尊称他为"甲骨文之父"。王懿荣去世后，他收藏的甲骨，全部转归他的好友刘鹗（è）所有。刘鹗又通过大量的搜购，所藏的甲骨达到了5000多片，于1903年拓（tà）印（摹印石碑或器物上的文字、图画）《铁云藏龟》一书，成为我国第一个著录甲骨文的人。

【知学思考】

1. 理清汉字演变史，了解并熟记各种书体的特征以及代表作品。

2. 楷书为什么又叫真书？学书法为什么要从楷书开始？

3. 结合汉字的渊源和演变规律，理解"书肇于自然"的意思。

【知行合一】

1. 了解、熟记汉字的演变过程，探究汉字演变规律。

2. 与家人、朋友分享故事《仓颉造字》和李白的《上清宝鼎诗》（节选），从汉字的起源中体会其奥妙精义。

3. 和家人一起找一找自己属相的甲骨文，并一起欣赏甲骨文之美。

| 鼠 | 牛 | 虎 | 兔 | 龙 | 蛇 |
| 马 | 羊 | 猴 | 鸡 | 狗 | 猪 |

4[1]*. 欣赏汉字"鱼""鸟"和"羊"的演变过程，探究其变化规律。

	鱼	鸟	羊
甲骨文			
金文			
小篆			
隶书			
楷书			
草书			

---

[1]　带"*"号的为"智慧题"，适宜有一定书法水准和国学功底的学员。（本教程所有"*"题都如是，以后不一一注明）

第二课 书法起源与演变

【历史典故】

蒙恬造笔

关于毛笔的由来众说纷纭，其中秦将蒙恬造笔的传说流传最为广泛。相传，秦国大将军蒙恬领军驻守边疆，需要经常向朝廷奏报军情。当时的制笔工艺较落后，书写起来很不方便，而

边疆军情瞬息万变，文书往来频繁，这样容易贻（yí）误战机。

一次，蒙恬在打猎时看见一只受伤的野兔，其尾巴在地上拖出血迹，心中不由来了灵感。他在竹管中插上一些兔尾毛，尝试用它来写字。可是兔毛油光光的，不能吸墨。蒙恬又试了几次，还是无法顺利书写，于是随手把那支"兔毛笔"扔进了门前的石坑里。有一天，他无意中又看见了那支被自己扔掉的兔毛笔。捡起来后，他发现湿漉（lù）漉的兔毛变得更白了。他又尝试将兔毛笔往墨盘里一蘸，兔尾毛竟变得非常"听话"，吸墨很足，写起字来也很流畅，这样一来，就大大提高了书写效率。原来，石坑里的水含有石灰质，兔毛经碱性水的浸泡去掉了油脂，从而变得柔顺起来。这就是传说中的"蒙恬造笔"的故事。

阅读启示：1954 年，湖南长沙左家公山一座史前古墓里发掘出了整套的书写工具，由此证明了在蒙恬之前就已经有了毛笔。但是蒙恬作为毛笔制作工艺的改良者，也是功不可没。

【基础知识】

书法的起源与演变

书法是以毛笔书写汉字的艺术。它是中国文字在书法家审美观的长期运用和发展过程中形成的艺术形式。从广义上讲，书法是指语言符号的书写法则，即指按照文字本身的特点及其内涵，以其书体笔法、结构和章法来书写文字，使之成为富有美感的艺术作品。从狭义上讲，书法是指用毛笔书写汉字的方法和规律，即用毛笔书写篆、隶、楷、行、草各体汉字的艺术，书写时讲究执笔、用笔、点画、结构、章法、墨法等技法。书法是中华民族的瑰宝，被美学家誉为无言的诗、无形的舞、无图的画、无声的乐。

中国书法历史悠久，从甲骨文、金文演变为篆书、隶书，再发展到东汉、魏、晋的草书、楷书、行书诸体，书法除了记事、表述思想外，还一直蕴含着艺术的魅力。

1. 书法的起源

中国书法起源于汉字的产生时期，最初的汉字只是一些刻画符号。在约6000年前的仰韶（sháo）文化的半坡遗址，出土了刻画有类似文字图案的彩陶，被认为是中国文字的起源，有据可考的则是殷周时期的甲骨文。

2. 秦代书法

春秋战国时期，各国文字差异较大。秦始皇统一六国后，统一了全国文字，小篆由此产生，代表作品有李斯的《峄山刻石》《泰山刻石》等。后来，又因篆书书写不便，隶书随之产生。隶书的出现不但使汉字形态趋于方正，更在笔法上突破了单一的中锋运笔，是汉字书写的一大进步。

3. 两汉书法

书法艺术的繁荣期始于东汉。东汉时期崔瑗（yuàn）的《草书势》被学界认为是中国第一篇书法理论文章。汉代书法家可分为两类：一类是汉隶书家，代表人物为蔡邕；一类是草书家，代表人物为张芝。汉代的书法艺术以隶书为主，到东汉末又有了侧、掠、趯（tì）、啄等笔画变化，结构更趋严整、遒（qiú）丽。汉代创兴草书，草书的诞生，使书法开始成为抒发情感、表现书法家个性的艺术范式。

4. 魏晋书法

魏晋时期，玄学盛行，提倡崇尚自然，彰显个性的文化，从而形成了重神韵、轻法度的书风。著名的魏碑，在用笔和结构上都有新的创造，书写生动活泼，豪放奇伟，明显地表现了从隶书到楷书的转变。王羲之的书法达到了平和自然、潇洒隽（juàn）永的境界，他的代表作《兰亭序》跌宕（dàng）奔放，直抒胸臆（yì），在书法史上具有划时代的意义。

5. 隋唐书法

书法在南北朝进入了南帖北碑的时代，发展至隋朝而混合同流，正式完成楷书的形式。隋朝的楷书上承两晋南北朝，下开唐代规范的新局，有碑版遗世，多为楷书。到了唐代，楷书、行书、草书都有了质的飞跃：欧体结构平正精密，颜体雄伟矫健，柳体秀丽劲媚，张旭草书笔势飞动奇伟，怀素狂草气度恢弘。这些书法家的出现，使书法发展到了新的境界。

6. 宋代书法

宋代书法开始追求尚意抒情，北宋四家（苏轼、黄庭坚、米芾 fú、蔡襄）一改唐楷面貌，承接晋帖行书遗风。元丰年间，宋代书法在北宋四家提倡屏除帖学之后才有所振兴，更偏重意的自由发挥，强调个人情感的抒发。

7. 元代书法

与宋代不拘常法的追求意境不同，元代表现为刻意求工。苏轼认为"我书意造本无法"，赵孟頫则认为"用笔千古不易"。元代书坛的核心人物是赵孟頫，同时享有盛名的还有鲜（xiǎn）于枢、邓文原等，他们皆主张书画同法，注重结字的体态。

8. 明清书法

明初书法一字万同，"台阁体"盛行。沈度、沈粲（càn）兄弟将工稳的小楷推向极致，其书法被推为科举楷则。当时书法家有擅行草书的刘基、工小楷的宋濂、精篆隶的宋遂以及章草名家朱克。明代中期，"吴中四家（沈周、文徵 zhēng 明、唐寅 yín 和仇 qiú 英）"崛起，书法开始朝尚态方向发展。明代晚期，书坛兴起一股批判思潮，追求大尺幅，该风气一直延伸至清代初年。清初的帖学进一步发扬光大，碑学书家邓石如擅长四体书，他以隶法作篆，纵横捭（bǎi）阖（hé），貌丰骨劲，大气磅（páng）礴（bó）。中后期碑学兴起，刘墉（yōng）、王文治、梁同书等人力图通过以淡墨书写或改变章法结构等来表现新面貌。

【基本技能】

1. 简要复述蒙恬造笔的故事。
2. 讲述书法的定义，了解书法的起源与演变。
3. 了解各朝代的书法名家。

【诗书人生】

劝 学

唐·颜真卿

三更灯火五更鸡，正是男儿读书时。

黑发不知勤学早，白首方悔读书迟。

赏阅：

晚上三更以前、早晨五更以后的时间，正是男子们读书的好时候。如果青少年时不知珍惜时间、勤奋学习，到老的时候才后悔自己年轻时没有好好读书就晚了。

此诗劝勉青少年要珍惜少壮年华，勤奋学习，有所作为，否则到老一事无成，后悔已晚。本诗句句都在勉励人们惜时、勤学、奋进。

颜真卿（708—784），字清臣，京兆万年（今陕西西安）人，唐代名臣、书法家，曾任监察御史、殿中侍御史、吏部尚书等职。颜真卿书法精妙，擅长行、楷，创"颜体"楷书，与柳公权并称"颜筋柳骨"，与欧阳询、柳公权、赵孟頫并称"楷书四大家"。善诗文，有《颜鲁公文集》。

【翰墨书香】

吾精思三十余载，行坐未尝忘此，常读他书，未能终尽，惟学其字，每见万数，悉书象之。若止息一处，则画其地，周广数步；若在寝（qǐn）息，则画其被，皆为之穿。

——东汉·钟繇（yáo）（见《书苑菁华》）

赏阅：

我精心思考书法三十余年，行走坐卧都不曾忘记书法，经常读书还没有读完，就去学习书中的书法，每每见到自然万物，都用书法来表现它们的形态和意趣。若是停留在某一处，就在地上画字，周围数步范围内都留下字样。睡觉时，也在被子上比划，被子都被画穿了。

钟繇（151—230），字元常，颍（yǐng）川长社（今河南长葛）人，东汉时期曹魏书法家、政治家，官至太傅。钟繇被后世尊为楷书鼻祖，有《宣示表》等书法作品传世。

【乾坤通识】

颜 体

唐代颜真卿的书法雄伟刚劲、大气磅礴，被称为颜体，对后世书法影响极大。颜真卿的楷书气势庄严雄伟，用笔横轻竖重，笔力雄强而有厚度；在结构上方正茂密，方中呈圆。竖笔向中略呈弧度，刚中有柔，富有弹性；兼以笔画厚重，力足中锋，更增加气势宏大、圆润浑厚的美感，代表作有《颜勤礼碑》《多宝塔碑》《争座位帖》《祭侄文稿》等。

1.《颜勤礼碑》

此碑高 175 厘米，宽 90 厘米，厚 22 厘米，是颜真卿为其曾祖父颜勤礼写的碑文，主要追述颜氏祖上的丰功伟绩。整幅作品雄伟端庄，字字挺拔；横轻竖重，对比明显；内紧外松，以纵取势；字形方正，端庄豁达。现藏于陕西西安碑林。

唐·颜真卿《颜勤礼碑》（局部）

2.《多宝塔碑》

此碑久负盛名，高 263 厘米，宽 140 厘米，正书 34 行，满行 66 字，是颜真卿 44 岁时所书。整幅作品整齐匀稳，法度严谨，秀丽多姿。现藏于故宫博物院。

唐·颜真卿《多宝塔碑》（局部）

3.《争座位帖》

该帖是颜真卿写给定襄王郭英乂（yì）的书信手稿，为行草书精品。书法用笔雄劲浑厚，结字圆转阔达，通篇自然流畅，于不经意间表现作者极高的书法艺术造诣，是颜氏行书的代表作品。原迹已佚，刻石存于陕西西安碑林。

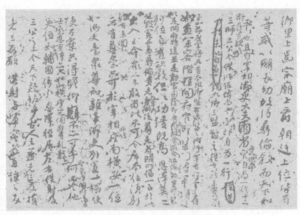

唐·颜真卿《争座位帖》（局部）

颜真卿在书法史上以颜体缔造了一个独特的书学境界，已形成一种范式，后世学习者极多，甚至有"学书当学颜"的说法。

【知学思考】

1. 说一说书法具有怎样的独特魅力，并简述书法的起源与演变。

2. 为什么说"颜体"在书法史上缔造了一个独特的书学境界？"学书当学颜"的依据是什么？

3. 理解钟繇的书论"每见万类，悉书象之"，谈谈书法与自然万物的关系。

【知行合一】

1. 了解、掌握书法的定义、起源与演变。

2. 与家人、朋友分享故事《蒙恬造笔》和颜真卿的《劝学》，感念先人勤劳智慧的同时，要更加珍惜现有的时光勤奋学习。

3. 欣赏颜真卿的书法作品，体会其"端庄豁达、舒展开朗、动静结合、巧拙相生、雍容大方"的书法特点。

4. 毛笔有"尖、齐、圆、健"四德。尖，笔毫聚合时，笔锋要能收尖；齐，将笔头沾水捏扁，笔端的毛要齐；圆，笔肚四周围，笔毫呈圆锥状，饱满圆润；健，笔毛有弹性，铺开后易于收拢，笔力要健。按照上述要求，去文具商店选购一支书写中楷的毛笔，以备书写之用。

【历史典故】

狱中创隶书

相传，隶书是由秦朝的一个名叫程邈（miǎo）的人创造的。程邈起初在一个县里做小官，专门负责办理有关文件的抄写。后来，因为犯了罪，被关进了监狱。

监狱里的人大多情绪低落，度日如年。而程邈爱好书法，便将其视为练习书法的机会。在练习的过程中，程邈发现，有些字笔画太多，过于呆板，就萌生了一个念头：改变篆体的写法。于是，他用了十年的时间，日夜琢磨篆字的简化，这竟成了他在牢中的一大乐趣。功夫不负有心人，他成功创造了三千多个常用字，刻写起来比小篆方便许多。于是，他就用这些字给秦始皇写了一篇奏章，并附了一份简字表，将每个字与原来篆书中的字进行对照。秦始皇看了以后，十分赞赏，马上释放了他，并任命他为御史。当时，上报给皇帝的各种公文很多，篆体字又很难写，所以隶书很快就流行起来。

由于当时的低级官吏称"隶"，程邈创造的这种字体又适合低级官吏书写使用，所以被称为隶书。隶书将小篆化圆为方，化繁为简，是我国汉字演变过程中的一大进步。

阅读启示：即使在狱中，程邈也坚持练习书法，并创造了隶书，其乐观的人生态度及敢于创新的精神值得我们学习。

【基础知识】

五大书体

书体是指传统书写字体、字形的不同形式。一般把中国文字的书写形式分为篆、隶、草、行、楷五种。

1. 篆书

篆书是大篆与小篆的统称。狭义指籀文和小篆，广义指甲骨文、金文、籀文以及春秋战国时通行于各国的文字和小篆。大篆和战国时的六国文字，保存着古代象形文字的明显特点；小篆在大篆的基础上发展形成，字体比大篆要简化，结体圆长，线条圆润，代表作有秦国丞相李斯所书的《泰山刻石》《琅（láng）琊（yá）台刻石》等。篆书的书体特点具体如下：

（1）大篆有很多象形字，因形立意，结构法则尚未形成规范。

（2）小篆形体平正，横平竖正，工整严紧，结构和运笔以圆为主。

（3）篆书笔画粗细一致，起止藏锋，左不见撇，右不见捺，一概用弧线结字。

（4）篆书字体大小整齐划一，统一为竖长方形。

（5）笔法瘦劲，直线较多，手笔"悬针"较多。

秦·李斯《琅琊台刻石》（局部）

2. 隶书

隶书打破篆书圆转的形体结构，变为宽扁，左右舒展，笔画讲求波磔（zhé），横画具有蚕头燕尾的形状。代表作有《曹全碑》《张迁碑》等。书体特点具体如下：

（1）横画平稳，竖画正直，字形上下紧缩，左右撇捺尽量伸展，形成横势。

（2）波捺处于主笔地位，一个字中最多出现两个蚕头，也最多出现两个雁尾。

（3）横画较多且字形高大的字书写紧凑；字的重心笔画落在字的分量较重、位置较关键的中心点上，力求平衡。

（4）一个字出现上下或左右相对称的部分时，相互之间要呼应配合。字的左部或上部，笔画较多、较密的部分要轻细，右部或下部笔画较少、较稀的部分要重粗。

东汉·《曹全碑》（局部）

3. 草书

草书起源很早，文字的简率、潦草的书写在篆书时代就已出现，但草书这种独立书体的形成是在汉代。草书经过时代的发展，可分为章草、今草和狂草三个阶段。

章草是笔画带有隶书波磔的草书，结体简约，一字之中笔画有牵引连接，横画和捺笔保持隶书的波磔，字字独立，章法取直行纵势。代表作有西晋陆机的《平复帖》等。

西晋·陆机《平复帖》（局部）

今草是在章草的基础上，采用楷书的体势、笔意发展形成。今草不取章草的波磔，加强用笔的使转变化形成快速的写法。今草上下字的笔势往往牵连引带，偏旁相互假借，笔势连绵不断，比章草更为婉转而富有韵律感。代表作有东晋王羲之的《十七帖》等。

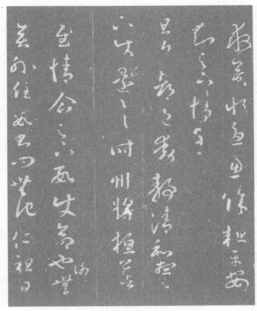

东晋·王羲之《十七帖》（局部）

狂草始于唐代，是比今草更为狂放的草书。狂草用笔连绵不断，大起大落如风驰电掣（chè），一气呵成。狂草代表书家为唐代张旭和怀素，代表作有张旭的《古诗四帖》、怀素的《自叙帖》等。

唐·怀素《自叙帖》（局部）

4. 行书

行书的点画常常强调游丝引带，而笔锋使转明快，活泼自然。行书的代表书家主要有"二王"（王羲之和王献之）、"苏黄"（苏轼和黄庭坚）等，代表作有王羲之的《兰亭序》、苏轼的《寒食帖》等。书体特点具体如下：

（1）点画以露锋居多，欹（qī）侧代替平整，化繁为简，以圆代方。

（2）行笔不停顿，落纸不刻板，转笔轻，粗笔重按。

（3）笔画之间的连接处，有连有断，笔法轻而准。

（4）连绵不断，字与字之间上下呼应。

（5）挥洒自如，行与行之间的左右关系，维持不平衡中的平衡。

北宋·苏轼《寒食帖》

5. 楷书

楷书在汉代已见雏形，是隶书的变体。魏晋南北朝是楷书的发展时期，唐代是楷书登峰造极的阶段。楷书形体方正，笔画有严格的法度，代表书家为"楷书四大家"。书体特点具体如下：

（1）欧体。欧阳询的正楷骨气劲峭，法度严整，用笔精谨，点画之间，一丝不苟，形成了"刚健险劲，字体飘扬"的"欧体"。

（2）颜体。颜真卿的楷书一反初唐瘦硬的书风，方中见圆，结体宽博而气势恢宏，骨力遒劲而气概凛然，雄秀端庄，丰腴（yú）雄浑，善用中锋笔法，饶有筋骨，亦含锋芒，横画略细，竖画、点、撇与捺略粗，被称作"颜体"。

唐·欧阳询《九成宫醴（lǐ）泉铭碑》（局部）

唐·颜真卿《颜勤礼碑》（局部）

（3）柳体。柳公权的书法结体遒劲，字字严谨，一丝不苟。柳楷，以瘦劲著称，体势劲媚，骨力遒健，与颜体相比，柳体稍显清瘦，故有"颜筋柳骨"之称。

（4）赵体。赵孟頫善篆、隶、真、行、草书，尤以楷、行书闻名于世。书风遒媚秀逸，结体严整，笔法圆熟，被称为"赵体"。

唐·柳公权《玄秘塔碑》（局部）

元·赵孟頫《胆巴经》（局部）

【基本技能】

五大书体书写要点

1. 篆书

书写篆书行笔要稳，笔画粗细一致，流畅贯通，一笔写成。起笔和收笔要藏锋，圆润无尖角。横平竖直，回环处可略捻（niǎn）笔杆，使笔锋且行且转。书写时笔画布列疏密均匀，两侧对应时将右下一笔拉长或曲折，而上下相同的笔画，要上小下大。此外，过于简单的字体可在不改变结体原则的前提下，通过变化笔画使之丰满。

篆书"亲"

篆书"持"

2. 隶书

隶书横向取势，字形扁方。平横短直，收笔较轻，长横收笔逐渐加力后提起；竖画一般不出锋；撇画起笔稍重，后向左下徐行，收笔渐渐下按，最后或出锋或驻锋收笔，点画落笔重收笔轻。隶书讲究"蚕头雁尾"，在起笔藏锋的同时，将起笔过程所形成的笔画外形写成近似蚕头的形状，在收笔处按笔后向右上方斜向挑笔出锋，如同大雁的尾巴。

隶书"亲"

隶书"持"

3. 草书

章草笔画钩连呈波形，笔带横势，字字独立。今草上下字之间笔势牵连相通。狂草笔势相连而圆转，将点画连绵书写，形成一笔书。写草书要打破平衡，欹侧取势，空间布局讲究"疏可走马，密不透风"，用笔得当，切忌刻意强求。同一笔画有轻重、长短、曲折、俯仰之变化，同一偏旁部首重复时，笔画各具姿态。

草书"亲"

草书"持"

4. 行书

书写行书时运笔要轻松连贯，线条畅快有动感，字与字之间要有断有连，点画上下联结，结构灵动多变、圆活流便、气韵生动。线条短为收，线条长为放；回锋为收，侧锋为放；一般左收右放，上收下放。书写时要疏密得体，即上密下疏、左密右疏、内密外疏，中宫紧结，字距紧压，行距拉开。墨色以首字浓、末字枯为宜，线条长细短粗，轻重适宜，浓淡相间。

行书"亲"

行书"持"

5. 楷书

楷书字体端正，笔画平直，结字方整，章法和谐。笔画之前要顺势牵连，脉络畅通，以展示字的动感。书写时用提按进行轻重的处理，增加线条对比与韵律变化，弥补因笔画过多或过少而产生的拥挤或空旷。在书法作品中，经常会在一些字的笔画上做添加或省略，这并非书写错误，而是为了让字更加美观。

楷书"亲"

楷书"持"

【诗书人生】

杨生青花紫石砚歌

唐·李贺

端州石工巧如神，踏天磨刀割紫云。

佣刓抱水含满唇，暗洒苌弘冷血痕。

纱帷昼暖墨花春，轻沤漂沫松麝薰。

干腻薄重立脚匀，数寸光秋无日昏。

圆毫促点声静新，孔砚宽顽何足云！

赏阅：

　　端州的采石工手艺精巧，登上峰顶磨刀采石，就像用刀割下天上的紫云一样。打磨均匀的砚台注满水直至砚唇，若隐若现的花纹就像苌弘所化的碧血（相传周朝人苌弘死后三年，他的血化为了碧玉）。白天的书房里暖意融融，磨动的墨花更是添了几分春意，轻盈的墨泡和浮动的墨沫散发出松麝的芬芳。墨汁干润浓淡，墨脚均匀稳定，砚台虽小，但其中的墨汁却像秋空一般光洁，没有一丝浑浊。笔尖蘸墨，发出细微、清新的声音，相比之下，那又大又笨重的孔砚到底有什么值得称颂！

　　本诗主要赞美了端州石砚的精美，歌颂端州石工精湛的手艺。作者用大量的比喻和细腻的笔触，描述了采石、制砚的场景和青花紫石砚的精致。

　　李贺（790—816），字长吉，福昌（今河南宜阳）人，因家居福昌昌谷，后世称他李昌谷，唐代诗人，曾任奉礼郎等职。他的诗想象力丰富奇特，色彩瑰丽，常用神话传说来借古喻今，有"诗鬼"之称，与李白、李商隐合称"唐代三李"。有《昌谷集》。

【翰墨书香】

　　钟繇书如云鹄游天，群鸿戏海，行间茂密，实亦难过。王羲之书字势雄逸，如龙跳天门，虎卧凤阙，故历代宝之，永以为训。

——南朝·萧衍《古今书人优劣评》

赏阅：

　　钟繇的书法好似天鹅在天空中飞翔，大雁在大海上嬉戏，分行布白茂密，实在是难以超越。王羲之的书法字势雄健飘逸，好似飞龙欲跃天门，猛虎静卧凤阁，所以历代均将其视为珍宝，并作为永世的准则。

　　萧衍（464—549），即梁武帝，字叔达，南兰陵（今江苏常州武进区西北）人，南朝梁的建立者。萧衍长于文学，精乐律，善书法，明人辑有《梁武帝御制集》。

【乾坤通识】

柳　体

柳公权上追魏、晋，下及初唐诸家笔法，又受颜真卿的影响，创造了遒媚劲健的柳体书派。柳体中宫紧密，四肢开展，浑厚不失锋利，严谨不失开扩，刚劲挺拔，对后世影响极大。代表作有《玄秘塔碑》《神策军碑》等。

1.《玄秘塔碑》

该碑由唐裴（péi）休撰（zhuàn）文，柳公权书，立于唐会昌元年（841）。《玄秘塔碑》是柳公权 64 岁时所书，书体劲瘦端正，用笔矫健挺拔，布局气脉流贯，神采飞扬，全碑无一懈笔，结字内敛外拓，运笔舒展利落。现藏于陕西西安碑林。

2.《神策军碑》

该碑在唐武宗会昌三年（843）立于皇宫禁地，尺寸不明，由崔铉（xuàn）撰文，柳公权书，碑文记录了回鹘（hú）汗国灭亡及安抚没斯来降等事。该碑结构严谨，平稳匀称，骨骼开张，具有明显的柳体特征。加之此碑刻工精良，拓本与真迹无异，被后世奉为柳书的代表作。

唐·柳公权《玄秘塔碑》
（局部）

唐·柳公权《神策军碑》（局部）

【知学思考】

1. 为什么程邈在狱中能创出隶书？为什么说隶书的创造是我国汉字演变过程中的一大进步？
2. 阅读萧衍的《古今书人优劣评》，说说钟繇与王羲之书法特征的异同。

【知行合一】

1. 了解五大书体及其代表人物和作品，初步掌握五大书体各自的书写要点和规律。

2. 与家人、朋友分享故事《狱中造隶书》和李贺的《杨生青花紫石砚歌》，了解隶书的产生以及李贺笔下砚台的精美。

3. 把不同书体的字放在一起，和同学进行比赛，在相同时间内，看谁认出的字更多。

4*. 欣赏《张迁碑》，感受隶书的古朴厚重。

　　《张迁碑》是中国东汉重要碑刻，亦称《张迁表》。东汉中平三年（186）立，原在山东东平县。碑高 2.1 米，宽约 0.86 米。有额，阴文篆书 2 行 12 字。碑阳铭文 15 行，行 42 字；碑阴 3 列，上 2 列 19 行，下列 3 行，每行字数不等。碑文字体古茂雄强，用笔朴拙，是汉代隶书的代表作品。现藏山东泰安岱（dài）庙。

东汉·《张迁碑》（局部）

第四课　文房四宝

孔丹造宣纸

东汉末年，造纸鼻祖蔡伦去世后，弟子孔丹非常怀念他，经常对着师傅渐渐发黄的画像默默流泪，一心想要造出一种经久不变的纸来为师傅画像。

孔丹家境清贫，常常靠野菜、野果充饥，却坚持为寻找造纸的材料而翻山越岭，一直没有收获也毫不气馁。有一天，他因误吃了野果后晕倒在山路旁，被上山采药的一对父女所救并悉心照料。老伯得知孔丹来大山的意图后，十分看中这位后生，等孔丹身体痊（quán）愈，老伯提出将女儿许配给孔丹为妻，孔丹心中惦念造纸之事，婉拒了老人的好意，并重新踏上了寻觅之途。夏季炎热，孔丹在一条小溪里冲凉，突然被毒蛇狠狠咬了一口，由于毒液太过猛烈，没过多久，他就不省人事了。当孔丹醒来时，才知道又是那位贤淑的姑娘救了他，心中很是感激。当孔丹看到自己被毒蛇咬伤的手上绑着的又白又长的像树皮一样的东西时，连忙问姑娘是在哪里发现的。原来，有一棵不知何时被水冲倒的青檀树，在溪水的浸泡下，白色的木纤维既柔软又结实，姑娘就用来给孔丹包扎伤口，孔丹终于找到了理想的造纸原料。

后来，孔丹就在这里安了家，娶了那位姑娘为妻，并在山村的溪水旁建起了造纸棚，和这里的百姓们共同研究造纸技艺。经过不懈努力，孔丹终于造出了闻名四海的宣纸。随后，他重金请了一位画师，重新为师傅画了幅画像，悬挂于自家厅堂之上，代代相传。

阅读启示：孔丹造宣纸的故事告诉我们，想要完成一件事，只有不畏艰难困苦，坚持不懈，才能取得成功。

【基础知识】

文房四宝

文房四宝是中国传统文具笔、墨、纸、砚的合称，为中国独特的传统书写、绘画文具，也是宝贵的工艺品。文房一词最早起源于南北朝时期，意指官府掌管文书之处。唐代以后文房则专指文人书房。宋代时，文房则包括了宣纸、徽墨、湖笔和端砚。

1. 笔

笔即毛笔，由笔管和笔头组成。笔管以竹管居多，其形状多圆柱形，有图案装饰。笔头多用兽毛、家禽毛等制成，以狼（黄鼠狼）毫、羊毫或兼毫（狼毫和羊毫的结合）为多。自元代以来，浙江省湖州善琏（liǎn）镇生产的湖笔具有"尖、齐、圆、健"的特点，成为全国最为著名的毛笔品种。

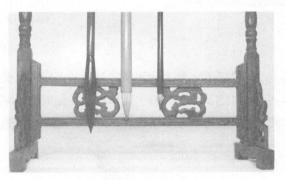

毛笔

2. 墨

墨主要分为石墨、松烟墨和油烟墨等，以植物性物质、灯黑和烟黑及胶等材料，按一定比例制成。其中石墨是一种天然的碳，秦汉时期写字主要使用石墨；以松树烧烟者为松烟墨，魏晋时期松烟墨已广泛流行；以桐油烧烟者为油烟墨，明代后开始流行。松烟墨无光，宜书写；油烟墨泛光，宜绘画。最著名的墨是产于安徽屯溪、歙（shè）县、绩溪等地的徽墨，具有色泽黑润有光、入纸不晕、经久不褪、宜书宜画等特点。

墨锭

墨汁

3. 纸

纸是中国古代四大发明之一，约出现于西汉，东汉蔡伦是改进者。相传，经东汉孔丹的进一步改进，制造出适合于画画、书写的纸张。书画艺术用纸的主要产地为安徽、浙江和四川，以安徽省宣城市泾（jīng）县所产的最佳，其纸韧洁、光亮、白净，不变色，人称宣纸，有生宣、熟宣之分。生宣吸水性强，多用于写意画和书写草书、行书；熟宣吸水性弱，或不吸水，一般多用于工笔画和书写小楷正书。书法练习用纸要求不高，除宣纸外，元书纸、连史纸、毛边纸都可以。

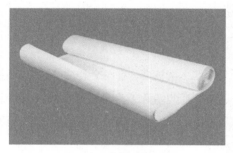　

宣纸　　　　　　　　　　　　　　　　毛边纸

4. 砚

砚是用以研磨墨的器具，多为石质，也有陶泥质。其形制多变，主要有长方形、方形、圆形、椭圆形及肖形等，有时在砚体刻上各式装饰纹样。砚以质细、光滑、发墨细匀为上，名砚有广东端州的端砚、安徽歙州的歙砚、甘肃临洮（táo）的洮砚和河南洛阳的澄泥砚。

砚台

【基本技能】

文房四宝的挑选

1. 笔

制作精良的毛笔，必须符合尖、圆、齐、健四项标准，称之为毛笔四德。尖，即笔头要尖，笔毫凝聚在一起时要保持尖利；圆，即笔身成圆锥状，不能在某一弧面上有缺陷；齐，即笔发开后，笔毫要内外长度一致；健，即笔腰要有弹性，将笔毫重压后提起，随即恢复原状。

2. 墨

挑选墨锭首先看颜色，紫色最好，黑色次之，青色又次之，灰色为劣墨；然后听其音，叩击时声音清响且研磨时声音细腻的为好墨，反之则劣。对于书法初学者来说，可以选择无残渣沉淀、气味清香的墨汁。

3. 纸

初学者日常练习一般选用元书纸、毛边纸等，选用时以墨汁能入纸但不成团、表面光涩适度为佳。出作品时需要用宣纸，书写中、小楷书以选用吸水性较弱的熟宣为宜。

4. 砚

选择砚台，砚面要平整，无磕碰、裂纹、硬伤；砚台石料质地要光滑细腻；同样大小的砚台，分量重者为佳，轻者质量较差；将砚用五指托空轻敲，端砚以竹木之声为佳，歙砚以清脆的金属之声为佳；洮砚以有云纹的为上乘、纯绿色次之、绿灰色较差；澄泥砚用手指弹发出清脆悦耳的金属声的为上乘，声音沉闷的较差。

【诗书人生】

四友赞

唐·薛（xuē）涛

磨润色先生之腹，濡藏锋都尉之头。
引书媒而黯黯（àn），入文亩以休休。

赏阅：

"赞"是一种文体，多以语言精练为标志。这四句话分别比喻了文房四宝中的砚、笔、墨和纸。

相传《四友赞》写于薛涛与唐代诗人元稹（zhěn）的约会期间，原本元稹对薛涛有些看轻，认为薛涛乐伎出身，作诗文不过花拳绣腿。而薛涛用四句话写出了文房四宝各自的特点，所显示出的才华，令元稹深深折服。

薛涛（？—832），字洪度，长安（今陕西西安）人，唐代女诗人。薛涛的诗，以清词丽句见长，还有一些具有思想深度和关怀现实的作品，明人辑有《薛涛诗》。

【翰墨书香】

书之气，必达乎道，同混元之理。七宝齐贵，万古能名。阳气明则华壁立，阴气太则风神生。

把笔抵锋，肇乎本性。

——东晋·王羲之《记白云先生书诀》

赏阅：

书法的气象必须符合"道"的原理，如同自然原始的元气。"七宝"的宝贵品质都反映在书法中，书法才能够万古流芳。书法讲究阴阳化育、刚柔相济，阳刚则有"华壁"之气势，阴柔则具"风神"之和美，书法源自书者的本性。

王羲之（303—361），字逸少（shào），琅琊（今山东临沂 yí）人，后迁会（kuài）稽（jī）山阴（今浙江绍兴），东晋书法家，曾任右军将军、会稽内史等，人称王右军。王羲之书法兼善隶、草、楷、行各体，风格平和自然，笔势委婉含蓄，遒美健秀，被誉为"书圣"，代表作有《兰亭序》《快雪时晴帖》等。

【乾坤通识】

文房四宝的雅号

文房四宝在古代中国总是同文人士大夫的书斋生活相关，也深受雅士的喜爱，都各自获得了一些雅号。

笔 唐代韩愈曾作《毛颖传》，之后毛颖、管城、管城子、中书君、毛先生等作为笔的雅号就在文人中流传开来。此后，其他文人也纷纷效仿，唐代白居易称笔为毫锥（zhuī），冯贽（zhì）称笔为龙须友，宋代梁同翰称笔为柔毛。

墨 唐代文嵩（sōng）撰《松滋侯易元光传》，以墨拟人。易水产名墨，故墨姓易。墨黑而有光者贵，故名元光。据《云仙杂记》载，墨有松滋侯、青松子、龙香剂、龙宾、黑松使者、松烟督护、亳州诸郡平章事、玄香太守、九锡等名。此外，墨还有乌金、燕正言、组圭（guī）、体玄逸客等称谓。

纸 文嵩的《好畤侯楮知白传》是为纸作传（zhuàn）封爵的。楮（chǔ）可制纸，色白，故名楮知白；畤和纸音近，故爵号好畤侯。汉代服虔（qián）称纸为方絮，北宋苏轼称纸为麦光，米芾称纸为云肪（fáng）。

砚 文嵩《即墨侯石虚中传》曰："石虚中，字居默，南越人，拜即墨侯。"石虚中、居默、即墨侯成了砚的拟人代称。砚还有璧友、石友、陶泓（hóng）之称。

【知学思考】

1. 文房四宝的基本概念是什么？你还知道文房四宝的哪些雅号？
2. 结合汉字特征，谈谈你对"书之气，必达乎道，同混元之理"的理解。

【知行合一】

1. 了解文房四宝，学会挑选笔墨纸砚。

2. 与家人、朋友分享故事《孔丹造宣纸》和薛涛的《四友赞》，了解文房四宝的由来、别称与特点。

3. 阅读王羲之的《记白云先生书诀》，并查阅相关资料，了解"七宝齐贵"中的"七宝"具体指什么。

4. 去商店选购一套文房四宝（儿童由家长陪同），将笔墨纸砚摆放在书房里，经常使用和观赏。

第五课 书法三要素

【历史典故】

屋漏痕

颜真卿与怀素都是唐代的书法大家，两人经常在一起讨论对书法的一些见解。有一次，怀素说："通过观察变化万千的云彩，可以找到用笔的感觉。"颜真卿说："那么，比起屋漏痕，如何？"怀素听了，连连叫绝。什么是"屋漏痕"呢？就是下雨的时候，雨水顺着老旧房子的墙壁渗下来，形成的一条条蜿蜒而下的水痕。

颜真卿从中悟出写字用笔时要像"屋漏痕"那样时快时慢，控制节奏。"屋漏痕"，形象地表现了横直画力匀而藏锋的用笔方法与艺术效果，比喻用笔的力度控制。行笔时不可一泻无余，笔管要一起一倒，笔锋时左时右，顿挫运行，犹如屋漏的水滴沿泥墙缓缓淌下，蜿蜒下注，形成鼓起的半圆型线条，笔画圆活、沉实、饱满，具有立体感、厚重感和流动感。

阅读启示："屋漏痕"是颜真卿通过观察自然现象而悟出的书法理论，是他对书法线条美的深刻理解。书法源于自然之道，用"屋漏痕"的原理创作出的书法，线条透示出圆润、浑厚、凝重、沉着、博大的艺术之美。

【基础知识】

书法要素

一幅优秀的书法作品可以给人带来审美享受。在长期的艺术实践中，人们总结出一幅完美的书法作品都具有三个基本要素，即笔法、结字和章法。

1. 笔法

笔法指用笔的方法，包括起笔、收笔、圆笔、方笔、中锋、侧锋、露锋、藏锋、提按、转折等（详见"用笔技法"）。赵孟頫曾说："书法以用笔为上"。书法离不开用笔，用笔是书法的基础和关键。

2. 结字

结字又称构字、结体或间架。书法的结字往往就文字的结构规律和作者的审美情趣做合适的艺术安排。这些艺术安排有疏密、虚实、欹侧、匀称、和谐、聚散、呼应等。书法的结字根据这些规律和技巧来表现文字的形式美，给人以丰富的美感、情趣，借以表现无穷的意境和趣味。

3. 章法

章法是字与字、行与行之间的整体关系和布局安排。一幅书法除了需要注意疏密、均衡等关系外，还必须字字上下顾盼、左右相映；行行相互联系、气脉连贯；谋篇布局讲究留白，使之成为一个既完美和谐又富于变化的整体。特别是草书和行书，它常增加笔画的枯涩、牵丝、引带，彼此呼应，使整幅书法作品具有一种音乐般的韵律与节奏感。

想要完成一幅优秀的作品，笔法、结字、章法三者缺一不可，也只有先将这些知识了然于胸，才能在正式书写时运用自如。

【基本技能】

用笔技法

1. 起笔、行笔和收笔

起笔要逆入，即逆锋起笔，欲右先左，欲下先上。行笔要涩行，即书写者人为制造一股阻碍笔锋运行的力量，同时又克服这种力量而前行。收笔要紧收，即回锋紧裹收笔，写竖画时，笔到尽处，将笔锋向上回缩收笔；写横画时，往右行笔，写到尽处，应将笔锋向左回收。

2. 提笔和按笔

将笔上提为提笔，用力向下按为按笔。提笔是在垂直方向由下向上用笔的动作，按笔是在垂直方向由上向下用笔的动作。提、按是运笔的重要手段，使笔画粗细对比，产生节奏和韵味。

3. 转笔和折笔

转笔和折笔是改变笔锋运行方向的两种旋转运动形式。转笔是在起笔、行笔、收笔的转折处，笔不停驻，顺势转锋，用力均匀，写出的点画没有方折棱角。折笔是在起、行、收的转折处，顿笔折锋，写出的点画方整刚劲。

4. 中锋和侧锋

中锋即笔心在所写的笔画中间走，不在上侧或下侧，让笔画看上去厚实而圆润。侧锋即笔锋在笔画痕迹中的一侧运行，使笔画清秀俊朗，但不可以久侧，久侧用笔会呈虚弱的病态。

5. 露锋和藏锋

露锋指笔锋的锋芒外露，用笔直截了当，笔画给人的感觉精神外露，俊秀可人。藏锋指笔锋的锋芒内敛在笔画中间而不外露，使笔画呈现出一种含蓄之美。

【诗书人生】

书

唐·李峤（qiáo）

削简龙文见，临池鸟迹舒。

河图八卦出，洛范九畴初。

垂露春光满，崩云骨气馀。

请君看入木，一寸乃非虚。

赏阅：

我品赏书简上古老的文字，池边鸟雀声稀，环境静谧闲适。书法是中国文化的起始源头，河图洛书的出现，演绎出阴阳八卦、五行术数、系统九宫。垂露如满园的春光般温润和美，一笔一划好似碎裂的云朵，力度非凡。请你仔细观察每一个木简上的笔画，每一寸都是圆浑流畅、筋骨俱备。

本诗表达了对我国的文字、书法艺术的赞美之情。

李峤（645—714），字巨山，赵州赞皇（今属河北省）人，唐代诗人，官至宰相。李峤对唐代律诗和歌行的发展有一定的作用与影响，他前与王勃、杨炯相接，又和杜审言、崔融、苏味道并称"文章四友"。《全唐诗》录有其诗。

【翰墨书香】

凡学书字，先学执笔，若真书，去笔头二寸一分，若行草书，去笔头三寸一分，执之。

——东晋·卫夫人《笔阵图》

赏阅：

学习写字，要先学习执笔的方法。若写楷书，要执在离开笔头二寸一分处；若写行草，要执在离开笔头三寸一分处。

卫夫人（272—349），姓卫，名铄（shuò），字茂漪（yī），河东安邑（yì）（今山西夏县西北）人，东晋书法家。卫氏家族世代工书，卫铄丈夫李矩亦善隶书。卫夫人师承钟繇，妙传其法，是王羲之的启蒙老师。有《笔阵图》。

【乾坤通识】

欧 体

欧阳询初学王羲之，后独辟蹊（xī）径自成一家。他的正楷法度严整，骨气劲峭，于规矩中见飘逸，于平正中见险绝，被后代誉为"欧体"。唐代张怀瓘（guàn）在《书断》中称其书："八体尽能，笔力劲险，篆体尤精……飞白冠绝，峻于古人"。其楷书代表作有《九成宫醴泉铭》《化度寺碑》《皇甫诞碑》，行书代表作有《仲尼梦奠帖》《行书千字文》。

1.《化度寺碑》

该碑立于唐贞观五年（631），记述了僧邕禅师的生平事迹。此碑结构严谨，体方字圆，用笔瘦劲刚猛，结体法度森严，内敛修长。原石已佚，传世拓本中，唯吴县吴氏欧堂藏成亲王旧藏本是原拓孤本。现藏于上海图书馆。

2.《皇甫诞碑》

该碑亦称《皇甫君碑》。唐代于志宁撰文，欧阳询书，用笔刚劲不挠，紧密内敛。点画带有明显的唐初遗留，有魏碑及隋碑瘦劲书风的笔法特点。现藏于陕西西安。

唐·欧阳询《化度寺碑》（局部）

唐·欧阳询《皇甫诞碑》（局部）

3.《行书千字文》

该帖用笔理性，点画之间主次、穿插、避让得当合理，用笔凝重周正，转折自如，挺拔俊秀，气脉贯通。现藏于辽宁省博物馆。

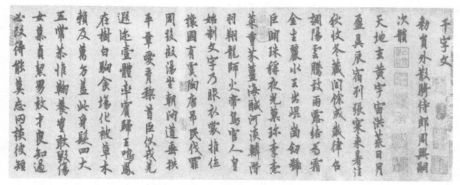

唐·欧阳询《行书千字文》（局部）

【知学思考】

1. 书法的三要素和用笔的技法分别有哪些？

2. 为什么说"凡学书字，先学执笔"？执笔的位置与书法的关系是什么？在运笔时如何把藏与露、方与圆、转与折等因素巧妙结合？

【知行合一】

1. 了解书法基本要素，掌握中锋、侧锋、藏锋、露锋等用笔技巧。

2. 与家人、朋友分享故事《屋漏痕》和李峤的《书》，感受古人对书法的热爱之情。

3*. 欣赏智永《真草千字文》，体会其"笔力遒劲、结构端庄"的书法风格，并感受笔画起、止、提、按的虚实变化。

《真草千字文》是智永唯一的传世手迹。此册为纸本，正、草二体书，200 行，2000 字，无款。书法精审，结体端庄遒丽，多用尖笔，整齐严谨，刚劲沉着而又神韵洒落。

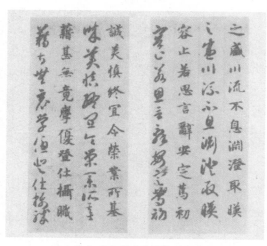

隋·智永《真草千字文》（局部）

第六课　书写姿势与技法

铁门限

智永是南北朝时期陈朝永欣寺的和尚，名叫法极，人称永禅师，是东晋王羲之第七世孙，身历梁、陈、隋三朝。

智永的书法，以王羲之、王献之为宗，笔力纵横，综合了各种书体的特色，尤其擅长草书。他为了练习书法特意建了一座房子，每天专心在楼上习字。他练字十分勤奋，曾立誓："学不成，决不下楼。"经过二三十年的努力，他的书法果然大有进步，名气也越来越大，成为了书法大家。当时远近人士，慕名求书的很多，每天络绎不绝地从大门进进出出，时间久了，连永欣寺的门槛都被踩坏了。于是，智永只好在门槛上包了层铁皮，人们就称之为"铁门限"。

智永正是因为立下了坚定的志向，持之以恒刻苦练习，最终成为了一代书法名家。

　　阅读启示："木锯（jù）绳断，水滴石穿"，智永学习书法的故事告诫我们，想要学好书法必须做到专心致志，坚持不懈。

【基础知识】

书写姿势

初学写字，需要特别注意保持正确的书写姿势。书写姿势分坐姿和站姿两大类。无论哪种姿势，都要做到"头正、身正、手正"。

运笔和用笔

运笔就是用手腕运转毛笔，学习运笔，首先要清楚指、腕、臂各个部位的作用以及相互关系。通常来说，指的作用主要在于执笔，腕、臂的作用在于运笔。书写点画、间距较小的字，动作细微，就用五指协调行笔。若是书写拳头大小的字，运笔的范围扩大，就应该以用腕为主，手指辅助。

再大一些的字，就必须用手臂来配合手腕完成书写。

【基本技能】

书写姿势

1. 坐姿

坐姿适合于书写不太大的字，书写时应做到"头正、身直、臂开、足安"。

（1）头正：头部端正，略微低俯，眼睛看向桌面。

（2）身直：身体背部挺直，前胸离桌沿一横拳的距离。

（3）臂开：两只手臂自然张开，平放在桌面上，胸前形成一个圆盘，右臂肘关节悬起，前小臂放平。

（4）足安：两只脚自然分开，与肩同宽，不前伸后缩。

2. 站姿

站姿适用于书写较大的字，与坐姿基本相同。书写时两脚自然分开，右脚稍向前，身体可以略微前倾，腰部不要太直，全身略放松，左手压纸，右手腕肘悬起，做到"头俯、身躬、臂悬、足开"。

（1）头俯：头略朝前俯向桌子，与纸面保持一定距离。

（2）身躬：身体略向前躬，腰不能挺得太直，做到自然不紧张。

（3）臂悬：执笔右手全部悬空，左手自然按在纸面上。

（4）足开：两脚自然分开与肩同宽，右脚稍向前，身体安稳。

坐姿

站姿

书写技巧

1. 执笔方法

历来普遍运用的是"五字执笔法"，是由王羲之发明，经过唐朝陆希声总结的"擫（yè）、押、钩、格、抵"五字法。

（1）擫，即抵、按，是用拇指的第一节紧按笔管的左、后侧，力量由内向外。

（2）押，即压，是指食指第一节压住笔管的右、前侧，力量由外向内，与拇指相对捏住笔管。

（3）钩，即钩住、弯曲，是指中指弯曲如钩，用第一节指肚前端钩住笔管外侧，力量从外向内，中指与食指合力。

（4）格，即抗拒，指无名指用甲肉相连处顶住笔管内侧，力量从右内侧向左外侧推出。

（5）抵，即推、抵抗，指小指紧靠无名指不接触笔管，增强无名指向外的推力。

正面执笔　　　　　　　　　　　　　　　　　侧面执笔

2. 执笔要点

（1）手指实：手指要紧实地压在笔管上。

（2）手心虚：手掌不要握紧，自然放松，掌心有一定空间，以便自由运笔。

（3）手背圆：手掌背呈自然圆弧且上竖状，不要刻意。

（4）手掌竖：手掌竖起，以便把笔拿直。

3. 腕法要点

（1）枕腕：手腕枕在桌上，只靠手掌来运笔，因活动范围较小，适宜写小字。

（2）悬腕：将整个手臂提起，手肘不要高于肩膀，用手掌及肩膀的力度运笔，活动范围大，适宜写大字。

（3）悬臂：悬臂可以全方位顾及字的点画和笔势，能使指、腕、臂各部灵活自如地调节摆动，多数书法家喜欢此法，但有一定难度。

枕腕

悬腕

悬臂

【诗书人生】

望 岳

唐·杜甫

岱宗夫如何？齐鲁青未了。
造化钟神秀，阴阳割昏晓。
荡胸生层云，决眦（zì）入归鸟。
会当凌绝顶，一览众山小。

赏阅：

泰山究竟有多么雄伟壮丽？你挺拔苍翠，横跨齐鲁两地。造物者让你集中了瑰丽和神奇，高峻的山峰，山南山北似乎分隔出清晨与黄昏。云层飘荡在泰山之胸，山石的缝隙仿佛是泰山张开眼睛远望归鸟入山。我定要登上泰山的顶峰，俯瞰周围矮小的群山。

本诗描绘了泰山雄伟壮丽的自然气象，表达了作者勇于攀登、俯瞰天下的雄心壮志。

杜甫（712—770），字子美，自号少陵野老，祖籍襄阳（今属湖北省），生于河南巩县（今河南巩义），唐代现实主义诗人，曾被荐为检校（jiào）工部员外郎，后世又称他为杜少陵、杜工部。杜甫的诗多为忧国忧民之作，集古典诗歌之大成，并加以创新和发展，给后代诗人以广泛的影响，被后人称为"诗圣"，与李白合称"李杜"。有《杜工部集》。

【翰墨书香】

筋骨精神，随其大小，不可头轻尾重，无令左短右长，斜正如人，上称下载，东映西带，气宇融和，精神洒落。省此微言，孰为不可也。

——唐·欧阳询《八诀》

赏阅：

字的筋骨和精神要随着字形大小而定，不能头轻尾重，不要让字的左边短右边长，斜和正要像人体一样匀称均衡，上下左右相互映衬，气度和谐，精神磊落。当你明白这些精深微妙的言辞，还有什么字写不好呢！

欧阳询（557—641），字信本，潭州临湘（今湖南长沙）人，唐代书法家，曾任给（jǐ）事中、太子率更令、弘文馆学士，"楷书四大家"之一。有《八诀》等。

【乾坤通识】

赵 体

赵孟頫的书法承晋唐传统，兼工篆、隶、楷、行、草各体，尤以行、楷书最为精熟。其书法的主要特点是结体严整，运笔纯熟。所作碑版大字，笔画圆转遒丽，气势浑健，自成一家，代表作有《洛神赋》《道德经》《胆巴碑》等。

1.《洛神赋》

此作品行中兼楷，点画端正、结构匀称、优美潇洒、灵秀圆润；布局疏密有致，运笔飘逸内敛，通篇气势起伏，显示出他书法自成一家的艺术特色。

元·赵孟頫《洛神赋》（局部）

2.《道德经》

《道德经》书于赵孟頫63岁那年，是赵氏楷书的代表作之一。该帖字体工整，端庄秀丽，笔法稳健，独具一格。

元·赵孟頫《道德经》（局部）

3.《胆巴碑》

《胆巴碑》又称《帝师胆巴碑》，是赵孟頫的碑书墨迹，内容主要记叙了元代高僧胆巴的生平事迹，是赵孟頫奉元仁宗之命书写的，用笔挺拔，点画遒劲。现藏于故宫博物院。

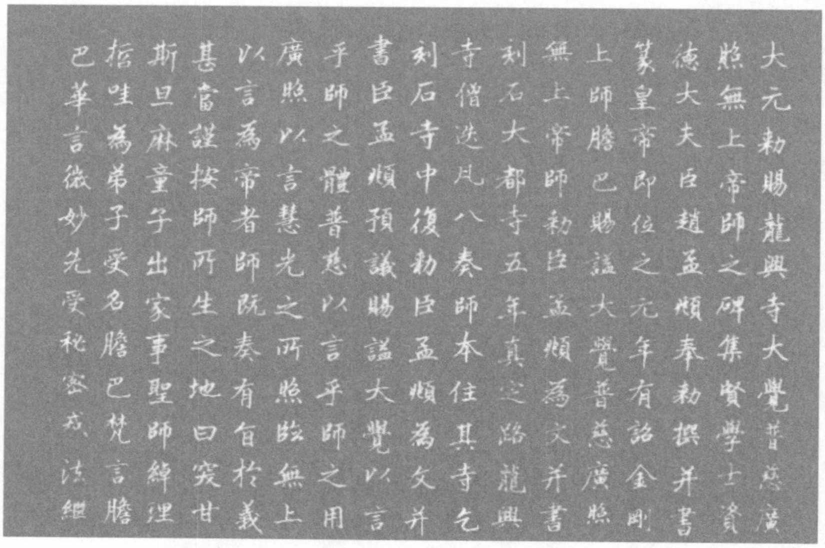

元·赵孟頫《胆巴碑》（局部）

【知学思考】

1. 执笔、用笔和运笔的注意事项都有哪些？
2. 谈谈你对"筋骨精神，随其大小"的理解。

【知行合一】

1. 熟记、掌握正确的执笔方式，并示范正确的书写姿势。

2. 与家人、朋友分享故事《铁门限》和杜甫的《望岳》，感悟学习书法的坚持不懈与勇于攀登的雄心壮志。

3. 和朋友一起做一个小游戏：握好笔后在手掌中放一个乒乓球，前后转动笔杆，看谁的乒乓球不会脱落，坚持的时间长。

4. 欣赏李斯《泰山刻石》，体会其"严谨浑厚，平稳端宁"。

《泰山刻石》是中国秦代碑碣（jié），也称《封泰山碑》。秦始皇二十八年（前219），始皇东巡登泰山，李斯为颂秦德而命人立碑于泰山之巅。刻石四面有字，三面为始皇诏书，一面为秦二世元年（前209）诏书与从臣姓名。书体为小篆，相传皆是李斯手笔。刻石残高、宽均34厘米，是中国现存最早的石刻之一，有北宋拓本165字传世，《史记》中载有全文，对于研究中国碑刻源流和书法艺术具有重要的价值。

秦·李斯《泰山刻石》（局部）

本单元教学建议

◎教学目标

1. 了解并明白书法的定义以及书法的魅力。

2. 了解汉字和书法的起源与演变，探究汉字演变和历史发展之间的关系。

3. 了解并熟知五大书体及其代表人物和作品，领会各书体的书写规律。

4. 了解文房四宝的相关知识，掌握正确挑选文房四宝的技巧。

5. 了解书法的要素，掌握正确的执笔方法、运笔技巧与书写姿势。

6. 了解书法的艺术特色，知道在源远流长、博大精深的中华文化中，书法艺术独树一帜，从开始就养成良好的书写习惯。

◎教学重点

1. 掌握五大书体的书写规律与书写要点。

2. 正确掌握执笔方法、运笔技巧以及书写姿势。

◎教学难点

明确书写不同大小的字所用的执笔位置和书写姿势。

◎广览博学

1. 搜索、观看纪录片《文房四宝》，了解文房四宝的制作工艺。

2. 搜索、观看纪录片《中国文房四宝》，了解文房四宝的历史渊源与新时代下的改进发展。

3. 搜索、欣赏颜真卿的书法作品《颜勤礼碑》。

第二单元

汉字笔画

本单元概述

　　本单元安排的教学内容和教学目标是：引导学员了解并掌握永字八法、基本笔画、变化笔画以及笔画的运用等基础知识；通过学习《天台（tāi）拜师》《米芾拜石》《写尽八缸水》《临池学书》等历史典故，明白练好书法不可能一蹴（cù）而就，勤奋刻苦的同时，还要博采众家之长，虚心采纳别人的意见；通过赏阅《题朱审寺壁山水画》《题张僧繇醉僧图》《柳氏二外甥求笔迹》等古诗，领会题画诗的要旨在于通过对图中形象的精妙描述，透视出画中深蕴的境界；通过理解《笔髓论》《书谱》《书议》中的名句，懂得书法与人的性情品质息息相关，学习书法不仅仅要注重笔法的练习，更要用心体会。

【历史典故】

天台拜师

　　王羲之在兰亭修禊（xì）之前来到天台山，被这里秀丽的景色深深吸引，便在山顶住了下来。他每日尽情欣赏云涛雾海和日出奇观，并把这些从自然中领悟的哲理运用到了他的书法之中。一天晚上，王羲之在灯下练字，写了一张又一张，纸铺得满地都是。直至深夜，他还在观察思考所写的每个字，觉得都不太满意，最后实在是太疲倦了，就握着笔伏在案上闭目养神。忽然，一阵清风吹来，一朵白云飘然而至，云上有一位鹤发银髯（rán）的老先生，笑呵呵地看着他说："你的字写得不错！"王羲之谦虚地回答道："晚生的字还很稚嫩。"见这位老先生仔细地看自己的字，王羲之便毕恭毕敬地说："请先生多多指正。"老先生见他一片诚心，说道："你把手伸过来。"

　　王羲之心中疑惑，把手伸了过去。老人接过笔，笑容慈祥地说："我看你心正手勤，待人谦虚有礼，是个学书的好苗子。我赠你一个笔诀，日后自有妙用。"说罢，便在王羲之的手心上写了一个"永"字，然后说："写好这个字，你便懂得书法用笔之道了。"说罢便飘然离去。王羲之急忙问道："先生家居何处？学生日后好去拜访。"只听空中隐隐传来一声："天台白云……"

　　王羲之端详手心上的"永"字，不停练习，终于领悟了：横竖钩，点撇捺，方块字的笔画和间架结构都体现在这个"永"字上了。白云先生真是传授了一个好笔诀！此后，王羲之细心揣摩，创造出了"永字八法"，在书法史上产生了深远的影响。

　　阅读启示：这个故事告诉我们书法用笔法则"永字八法"的渊源，同时也启示我们，练书法和做其他事情一样，任何成就都是要在掌握规律的基础上不懈努力才能取得。

【基础知识】

永字八法

永字八法，是以"永"字八笔顺序为例，阐述正楷笔势的方法，是中国书法的用笔法则。相传该法是东晋王羲之所创，后经隋代智永、唐代张旭等完善。永字八法其实就是"永"这个字的八个笔画，代表中国书法中笔画的主要构成，浓缩了楷书基本点画的特点，是楷书中最基本的线条变化形态。

1. 点法

点，也就是侧，因在书写时需要把毛笔的笔锋侧过来而得名，包括上点、下点、左点、右点、左上点、右上点、左下点、右下点等。点是书写的基础，横、竖、撇、捺等均始于一点。

2. 横法

横，也就是勒（lè）。勒就是横画在书写时，起笔和收笔需要勒住笔锋，包括平横、凹横、凸横、腰粗横、腰细横、左尖横、右尖横等。

3. 竖法

竖，也就是弩（nǔ），在书写时笔锋犹如拉弓射箭，包括直竖、右弧竖、左弧竖、腰细竖、腰粗竖、上尖竖、下尖竖等。

4. 钩法

钩，也就是趯，包括直钩、弧钩、高钩、矮钩、斜钩等。

5. 挑法

挑，也就是策，包括上向挑、下向挑、左向挑、右向挑、左上挑、右上挑、左下挑、右下挑等。

6. 撇法

撇，也就是掠，包括直撇、孤撇、腰细撇、弯头撇、弯尾撇等。

7. 啄法

短撇为啄，笔画形状犹如鸟类的嘴，包括直啄、弧啄、高啄、矮啄等。

8. 磔法

磔，也就是碟，包括直磔、弧磔、尖头磔、方头磔、长磔、短磔等。

【基本技能】

永字八法书写要领

1. 点为侧

书写时如鸟翻身侧下，又如高山坠石，倾斜不正，所以点应取倾斜之势，要以露锋作为收笔，以便对应下面的横画。

2. 横为勒

书写时如同勒马的缰绳，又像千里阵云。横取上斜之势，逆锋落笔，缓去急回，不宜顺锋滑过，避免轻飘板滞。

3. 竖为弩

书写时如千年枯藤，势如引弩发箭。握笔时笔杆不可垂直，笔直便无力，出钩处向左转笔时须有力度，就势转着笔毫为出钩做准备。

4. 钩为趯

书写时驻锋提笔，使力集于笔尖，如人跳跃前需要先蹲蓄力。竖画取内直外曲之势，配合字体全局，有挺进之势。

5. 提为策

书写时如策马用的鞭，挑画多用在字的左边，其势向右上斜出，与右边的点画相策应，形成相背拱揖（yī）之势。永字的策画略微平出，与右边的啄相策应。

6. 长撇为掠

书写时如用梳篦（bì）掠发，又如利剑截斩象牙。掠画应如以手拂物，虽然行笔渐渐加速，出锋则轻捷爽利，取其潇洒利落之姿，但力要送到末端，否则就会飘浮无力。

7. 短撇为啄

书写时如鸟啄食，行笔快速，笔锋峻利，落笔左出，锐而斜下，以轻捷健劲为胜。

8. 捺为磔

书写时如一波三折，又如钢刀裂肉。折锋铺毫缓行，收锋重在含蓄，要逆锋轻落，右出后缓行渐重，至末处微带仰势收锋，要沉着有力，势态自然。

永字八法运笔图

【诗书人生】

孙莘^{shēn}老求墨妙亭诗（节选）

北宋·苏轼

兰亭茧纸入昭^{zhāo}陵，世间遗迹犹龙腾。

颜公变法出新意，细筋入骨如秋鹰。

赏阅：

《兰亭序》的茧纸真迹已被埋入昭陵，人间遗留下的王羲之的字迹笔力遒劲，犹如龙在腾飞。颜鲁公的书法别出心意，字迹筋骨强健如同秋日的雄鹰。

作者的这四句诗，写出了王羲之、颜真卿书法的特色，以及对他们书法的欣赏、赞美之情。

苏轼（1037—1101），字子瞻（zhān），号东坡居士，世称苏东坡、苏仙，眉州眉山（今属四川省）人，北宋文学家、书法家、画家，曾任翰林侍读学士、礼部尚书等职。苏轼诗、词、散文、书、画等方面造诣都极高，其诗题材广阔，清新豪健，独具风格，与黄庭坚并称"苏黄"；其词开豪放一派，与辛弃疾并称"苏辛"；其散文著述宏富，豪放自如，与欧阳修并称"欧苏"，为"唐宋八大家"之一；其书法擅长行、楷，用笔风雨跌宕，与黄庭坚、米芾、蔡襄并称"宋四家"；其画主张神似，擅作墨竹、枯木、怪石。有《东坡七集》。

【翰墨书香】

假笔转心，非毫之致妙。必在澄心运思至微至妙之间，神应思彻。

——唐·虞世南^{yú}《笔髓论》

赏阅：

想要借助书法表达书写者的内心，关键之处并不是笔端的微妙。一定要心神澄清安定，才能让构思达到神妙的境界，有了神思和灵感，思维方可融会贯通。

虞世南（558—638），字伯施，越州余姚（今浙江慈溪）人，南北朝至隋唐时书法家、文学家、政治家，曾任著作郎、秘书监等职。有《孔子庙堂碑》等书法作品传世。

【乾坤通识】

王羲之书体的美学特征

王羲之博采众长，一改汉、魏以来质朴淳厚的书风，创造了妍美流便的新风格，把草书推向全新的境界。他的行草书雄逸流动，《晋书》赞其书法为古今之冠，论者称其笔势，以为飘若浮云，矫若惊龙，被后世誉为"书圣"。

1. 行书

王羲之比较了胡问遂、钟繇二家的书法，以卫氏家族和王氏家族的传统为依据，选择了钟繇的书风。他的早期行书作品《姨母帖》，用笔匀速平缓，风格古拙质朴，有明显的钟繇法度。到后期，他的行书作品风格一改往常，笔画生动，体态欹侧，结构内敛，给人一种蓄势待发之感，且字与字之间的起承转合，若连若断，如烟霏露结。代表作有《兰亭序》《快雪时晴帖》等。

2. 楷书

王羲之的楷书师从卫夫人，但仍未脱离钟繇法度，代表作有《黄庭经》《乐毅论》《洛神赋》等。在他的手中，楷体笔画之间的配置关系基本确立，结体

东晋·王羲之《快雪时请帖》（局部）

由横到纵，规范遒劲，端庄大方。可以说，王羲之将楷书发展到了端庄生动的今体阶段，这个变化最终在唐代完成。

东晋·王羲之《黄庭经》（局部）

3. 草书

王羲之学习草书的范本是叔父赠给他的索靖《七月廿六日帖》。他在草书方面的成就主要为今草，章草作品较少。他的今草运笔灵活，点画放纵，整体流畅飘逸，代表作为《十七帖》，是称心疾书的尺牍（dú）。

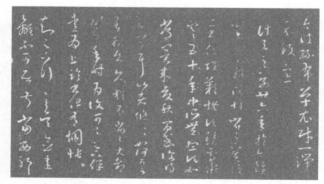

东晋·王羲之《十七帖》（局部）

【知学思考】

1. 永字八法的书写要领是什么？

2. 联系实际，谈谈你对"必在澄心运思至微妙之间，神应思彻"这句话的理解。

【知行合一】

1. 掌握"永字八法"的书写要点。

2. 与家人、朋友分享故事《天台拜师》和苏轼的《孙莘老求墨妙亭诗》（节选），懂得只有勤奋刻苦才能造就优秀作品的道理。

3. 在老师的指导下尝试书写一个"永"字，看看是否符合"永字八法"中的书写准则。

第八课 基本笔画（上）

拜石索砚

米芾是北宋书法家，酷爱石头和砚台，甚至到了如痴如癫（diān）的地步，因此也被人称为"米癫"。

有一年，他被任命知安徽无为军，看见衙（yá）署内有一块十分奇特的立石，高兴得大叫起来："这块石头当得起我一拜。"于是，米芾连忙命侍从为他换了一身官服，手握笏（hù）板跪下便拜，并将此石尊称为"石丈"。后来，米芾听说城外河岸边有一块怪石，奇丑无比，便命令衙役将那块石头移进府衙内。他见到此石后，十分惊奇，跪拜于地说："我想见石兄已有二十年了。"

北宋何薳（qú）在《春渚（zhǔ）纪闻》中记载了一则"米芾讨御砚"的趣事。一日，宋徽宗召米芾为他写字，米芾见皇帝桌上有一方名砚，便一见钟情。米芾笔走龙蛇，飞流直下，挥洒飘逸。宋徽宗看后大加赞赏。米芾见皇上高兴，随即将御砚揣入怀中，衣服染黑了都全然不顾，跪在殿上禀告皇帝："这方砚台已被我用过了，不配再让陛下用了，请陛下把砚台赐给我吧。"宋徽宗看他如此喜爱此砚，又欣赏其书法，不觉大笑，将砚赐之。米芾如获至宝，又怕皇帝反悔，急忙抱着砚台告退。宋徽宗感叹道："米癫果然名不虚传啊！"相传，米芾藏有一方风型紫金砚，有人想以一幢豪华的别业（即别墅）来换取这方石砚，米芾绝然不肯。

阅读启示：米芾一生收藏的石砚极多，清代《西清砚谱》中著录有多方米芾珍藏的石砚，都是珍稀文宝。上述故事让我们看到了一个爱砚如痴、活灵活现的文人形象，同时感受到了宋代社会的人文风貌、市井气息和士大夫的闲情雅趣。

【基础知识】

基本笔画——横、竖、撇、捺

　　基本笔画通常指横、竖、撇、捺、钩、折、挑、点八个笔画。本课主要介绍基本笔画中的横、竖、撇、捺。横画是骨架笔画，要写平稳，因为横画在一个字中起平衡作用，若横不平，则字不稳。竖画在字中起支撑作用，就像房屋的柱子，若竖不垂直，则字不正。撇画是动态笔画，在跟捺画对称时起到平衡、稳定字的重心的作用，书写时要注意自然舒展，以增加美感。捺画粗细分明，经常与撇画相对，犹如字的双翼，书写时同样要舒展、大方、有力。

【基本技能】

1. 横的写法（长横、短横）

　　（1）起笔——逆锋向左轻落笔后向右下重按。

　　（2）行笔——中锋向右行笔。

　　（3）收笔——到尽头处向右下方顿笔后向左上方收笔（长横收笔形似椭圆，短横收笔可方可圆）。

　　把两个横画进行比较，长横要平，两头粗中间细；短横就是把长横写短，既可以两头重中间轻，也可以用力均匀，起笔、行笔、收笔三段大小相近。

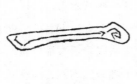

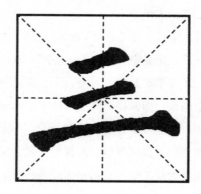
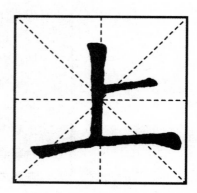

2. 竖的写法（悬针竖、垂露竖）

　　（1）起笔——逆锋向上轻落笔后折笔右下。

　　（2）行笔——向下中锋行笔，垂露竖中段较细，悬针竖则中段较粗。

　　（3）收笔——垂露竖至尽头处提笔向左上回锋收笔；悬针竖顺势向下出锋。

　　竖画要写端正。垂露竖两头重中间轻，以圆笔收笔；悬针竖两头轻中间重，形似纺锤，收笔应当尖细。

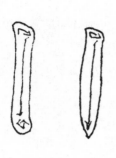
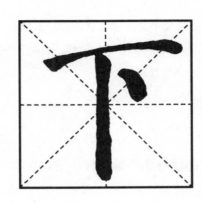
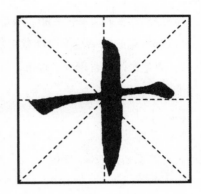

3. 撇的写法（短撇、长撇）

（1）起笔——逆锋起笔后折笔右下。

（2）行笔——顿笔后向下中锋行笔，形直，斜向左下，由重到轻。

（3）收笔——收笔要尖，边行边提，用力撇出。

长撇长而细，行笔时要用力均匀，单用时形状斜而微弯；与捺相对时上段要正，后段弯度较大。

短撇多用圆笔起笔，较为粗壮，这也是颜体短撇的重要特征。

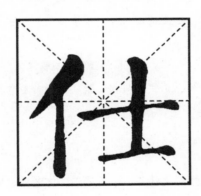

4. 捺的写法

（1）起笔——逆锋顺时针方向轻起。

（2）行笔——向右下方边行边按，逐渐加粗，形状微弯。

（3）收笔——折向右后，平向右边提边收，收笔注意要尖且平。

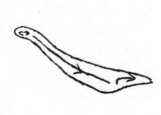
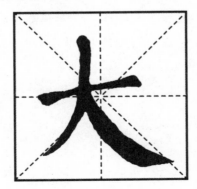
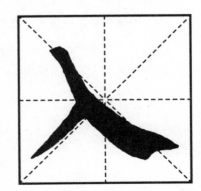

捺画形如扫，一波三折，收笔出锋要平，成雁尾状，切忌上翘。

基本笔画在书写中要注意起笔、行笔、收笔三个过程，且要一气呵成，中途不可随意停顿，还要注意笔画的各自形状、轻重、长短以及方向的不同。

【诗书人生】

孙过庭摹洛神赋赞（节选）

南宋·岳珂（kē）

大令好书洛神赋，后人犹袭邯郸（hándān）步。

夫君草圣洞千古，笔下纵横敏风雨。

赏阅：

王献之的书法作品《洛神赋》（大令即指王献之），后人的临摹都犹如邯郸学步。孙过庭的草书流传千古，笔下字迹纵横敏捷如风雨。

本诗赞扬了孙过庭临摹的王献之的书法作品《洛神赋》，后人大多无法临摹其中精髓，孙过庭临摹的版本才可流传千古。

岳珂（1183—1240），字肃之，号亦斋，相州汤阴（今属河南省）人，岳飞之孙、岳霖（lín）之子，南宋文学家，曾知嘉兴府，为户部侍郎、淮东总领兼制置使等。有《玉楮集》。

【翰墨书香】

故可达其情性，形其哀乐。验燥湿之殊节，千古依然；体老壮之异时，百龄俄顷。

——唐·孙过庭《书谱》

赏阅：

书法可以表达书写者内心的情感和本性，表现人的喜怒哀乐等情绪变化。检验笔墨的枯燥和湿润之间所蕴含的高尚节操，就算历经千余年，也依然能体悟出其中的奥妙；体味壮年与老年时期书法意境的区别，即使相隔百年也能瞬间看出来。

孙过庭（646—691），名虔礼，以字行，吴郡富阳（今浙江杭州）人，一作陈留（今河南开封）人，唐代书法家、书法理论家。有《书谱》。

【乾坤通识】

欧体基本笔画（上）

　　欧阳询的书法以"二王"的书法为基础，吸取百家之长加以融会贯通，笔画方润，结体秀丽险峻，形成了自身的独特风格。《九成宫醴泉铭碑》字大形美，是欧阳询晚年的代表作，历代学者书家对其有着很高的评价。这里以该碑为例，简要介绍欧体书法。

1. 横的写法（长横、短横）

　　（1）起笔——逆锋向左上起笔后折锋向右下方顿笔。

　　（2）行笔——转锋蓄势向右行笔，长横中间部分稍轻。

　　（3）收笔——提笔回锋收笔。

长横与短横写法基本相同，短横是把长横写短，要注意用力均匀。

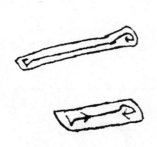 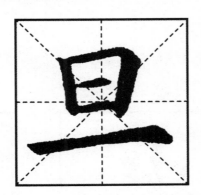 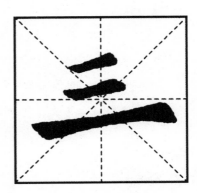

2. 竖的写法（悬针竖、垂露竖）

　　（1）起笔——逆锋向左上角起笔后折锋向右下方顿笔。

　　（2）行笔——悬针竖转锋蓄势向下行笔；垂露竖至末端处向右下顿笔。

　　（3）收笔——悬针竖行笔至三分之二处力量逐渐减弱，力至笔端，末端处呈尖状；垂露竖提笔回锋收笔。

   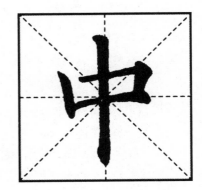

3. 撇的写法（长撇）

（1）起笔——逆锋向左上起笔后折锋向右下方顿笔。

（2）行笔——提笔转锋向左下方撇去。

（3）收笔——注意中锋行笔，力量逐渐减小，力至笔端。

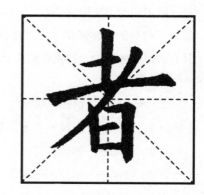

4. 捺的写法

（1）起笔——从左上方逆锋起笔。

（2）行笔——向右轻顿，转锋向右下方行笔，力量逐渐增大。

（3）收笔——至捺尾处顿笔，提笔向右出锋，要一波三折。

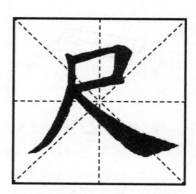

【知学思考】

1. 在书写基本笔画横、竖、撇、捺时有哪些注意事项？

2. 联系实际，谈谈你对"故可达其情性，形其哀乐"这句话的理解。

【知行合一】

1. 掌握横、竖、撇、捺的书写要领，并练习书写相关汉字。

2. 与家人、朋友分享故事《米芾拜石》和岳珂的《孙过庭摹洛神赋赞》（节选），感受米芾对石头的痴迷，领会古人对书法的喜爱之情。

3.尝试不用提笔、按笔规范书写今天学习的基本笔画，对比按照规范书写的笔画，从外形上看有什么不同。

4*.欣赏米芾《苕（tiáo）溪诗卷》，感受其"落笔迅疾，恣肆纵横"的特点。

《苕溪诗卷》是米芾的行书代表作之一。此卷为纸本，纵30.3厘米，横189.5厘米。运笔尖劲峭瘦，结体崎险中仍见稳练，通篇一气呵成，是其传世墨迹中的著名作品。现藏于故宫博物院。

北宋·米芾《苕溪诗卷》（局部）

第九课 基本笔画（下）

一点似父

王献之，字子敬，是东晋书法家王羲之的第七个儿子。他自幼聪明好学，七八岁时始学书法，师承父亲，兼精各体，尤擅行草，其书英俊豪迈，饶有气势。

有一天，王献之写了很多字，在写"太"字下边的那个"点"时刚好砚台上没有墨了，他便放下笔走出书房去做其他事情。这时，王羲之来到儿子的书案，照例看一看他写的字，当看见这个疏漏，就顺手用毛笔从花盆里蘸了一滴水在砚台上调匀后，将这一"点"补了上去。不一会儿，王献之回到书案，拿着这些字请他的母亲点评。母亲看了一会儿，慢慢地说道："你的字虽有进步，但笔的力量未到，只有这一'点'似你父亲写的。"说完，手指落在了那个"太"字的下边。王献之仔细地比较了一下，果然不同！他突然想起这一"点"当初未曾写上去，猜想应是父亲给他补上的，脸马上就红了。

王献之来到父亲的书房，向父亲请教提升笔力的秘诀。王羲之指着放在院中的十八口大水缸，说："你把这十八口大缸里的水写完，你的笔力就提高了，字也就练得差不多了。"王献之遵从父亲的嘱咐，勤学苦练，坚持不懈，用尽了十八缸水，终于攀登上了书法艺术的高峰，在历史上与王羲之合称"二王"。

阅读启示：该故事告诉我们，无论是学习书法还是其他技艺，哪怕是一点点进步都是来之不易的，任何成功都需要付出不懈的努力。

【基础知识】

基本笔画——折、钩、点、挑

折画是一种从横画转向竖画，或是从竖画转向横画，在转换方向时带有折角的笔画，用笔关键在转折处，要自然、有力。钩画的钩部皆依附于其他笔画的末端，为附属笔画。点画是浓缩笔画，为横、竖内缩而无行笔，在字中起画龙点睛、活跃神态的作用，形态各异，变化多端。挑画，又称提画，与撇画的形状相似、方向相反，写法与撇画相近。挑画体斜而较短，尖锐挺拔，劲健有力，可增加写字的速度和力度美。

【基本技能】

5. 折的写法（横折）

（1）横部——逆锋起笔，折笔右行，横部与横画的写法相同，不收笔。

（2）折部——至折处，提笔下行，写法与竖的起笔相同，形大多为斜方形，或方中带圆。

（3）竖部——与折部连写，至尽处转笔向左上回锋收笔，写法和竖画的写法相同。

横折是由横、竖合成，横后连竖，书写时也可先横后连写竖。折部大多高于横部，向外突出；横、竖劲直有力，横画较细，竖画粗壮有力。

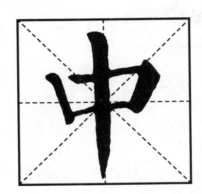
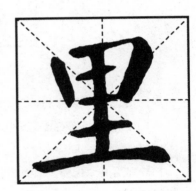

6. 钩的写法（竖钩）

（1）逆锋起笔，转笔下行，写法与竖部相同，不收笔。

（2）至钩处转笔向上，稍驻蓄势，转向左上勾出，出钩方向可平向左，也可斜向左上，但不可斜向左下。

当某个字竖钩居中、左右对称时，竖钩的竖部可直，如"未"；竖钩居右时，可以微弯，如"行"。

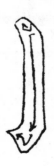
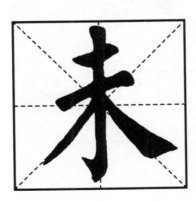
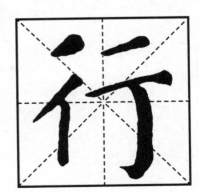

7. 点的写法（右向点）

（1）起笔——逆锋起笔，顺时针方向转向右下重按。

（2）行笔——向右下移动位置后重按，加长点画。

（3）收笔——逐渐提笔向左上回锋收笔。

右向点形似"瓜子"，全用圆笔，皆成圆（弯）势，左边微向内凹。这种弯形圆点也是颜体笔画的显著特征。

 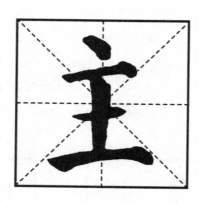 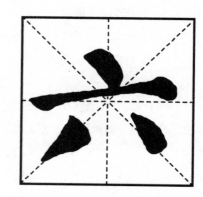

8. 挑的写法（长挑）

（1）起笔——逆锋起笔，逆时针方向，乘势向下重按。

（2）行笔——向右转笔稍驻蓄势，向右上中锋行笔，边行边提，笔画由粗变细。

（3）收笔——顺势出锋，注意要尖。

长挑起笔类似长横，但更粗壮，圆而下垂。整体外形与短撇相反，粗壮厚重且直，行笔与收笔一气呵成。

【诗书人生】

兰亭序（节选）

东晋·王羲之

此地有崇山峻岭，茂林修竹；又有清流激湍，映带左右，引以为流觞曲水，列坐其次。虽无丝竹管弦之盛，一觞一咏，亦足以畅叙幽情。是日也，天朗气清，惠风和畅，仰观宇宙之大，俯察品类之盛，所以游目骋怀，足以极视听之娱，信可乐也。

赏阅：

这里有高峻的山岭，茂盛修长的竹子；又有清澈且流势很急的溪流，辉映点缀在亭子的周围，我们引溪水作为流觞的曲水，排列坐在曲水之旁。虽然没有演奏音乐的盛况，但边喝酒边作诗，也足以畅叙幽深的感情了。这一天，柔和的风，使人感到温暖、舒适，仰首观览宇宙的浩大，俯看观察万物的繁多，于是用开阔的眼界和胸怀，足够来穷尽视听的欢娱，实在感到很快乐啊。

《兰亭序》主要描写了兰亭的景致与聚会的欢乐，抒发了作者对世事无常、人生短暂的感慨。

【翰墨书香】

张伯英临池学书，池水尽墨；永师登楼不下四十馀年。张公精熟，号为草圣；永师拘滞，终能著名。以此而言，非一朝一夕所能尽美。

——唐·徐浩《论书》

赏阅：

张芝在池边学习书法，洗笔的水染黑了整个水池；智永禅师学习书法四十余年不下楼。张芝书法精湛纯熟，被誉为"草圣"；智永禅师虽最初有些拘泥呆板，但最终也成为著名书家。因此，书法是不可能一朝一夕就达到尽善尽美的。

徐浩（703—782），字季海，越州（今浙江绍兴）人，唐代书法家，曾任中书舍人。他的书法曾得到父亲徐峤的传授，风格圆劲肥厚，自成一家。有《论书》。

【乾坤通识】

欧体基本笔画（下）

5. 折的写法（横折）

（1）起笔——逆锋向左上起笔后折锋向右下顿笔。

（2）行笔——提笔转锋向右行笔，至折处提笔上昂再向右下方顿笔。

（3）收笔——向下行笔后回锋收笔。

 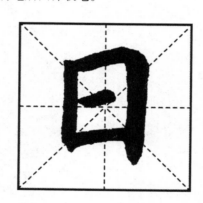 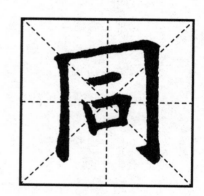

6. 钩的写法（竖钩）

（1）起笔——逆锋向左上起笔后折锋向右下顿笔。

（2）行笔——提笔转锋向下行笔。

（3）收笔——至钩处向下轻顿回锋向左上出钩。

 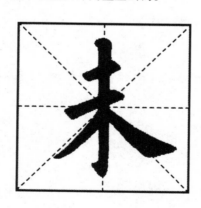 

7. 点的写法（右向点）

（1）起笔——自左向右顺锋起笔。

（2）行笔——边转笔，一边按笔。

（3）收笔——转笔或折笔后回锋收笔。

8. 挑的写法（长挑）

（1）起笔——逆锋向左下方起笔后折锋向右下顿笔。

（2）行笔——提笔转锋向右上行笔。

（3）收笔——中锋行笔，力量逐渐减小。

 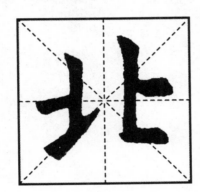 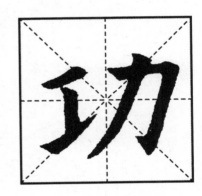

【知学思考】

1. 基本笔画折、钩、点、挑的书写要领分别是什么？熟记并运用。

2. 联系实际，谈谈你对学书法"非一朝一夕所能尽美"的理解。

【知行合一】

1. 通过练习书写相关汉字，掌握折、钩、点、挑的书写要领。

2. 与家人、朋友分享故事《一点似父》和王羲之的《兰亭序》（节选），明白无论是学习还是做其他事业，想要成功都需要付出不懈的努力。

3*. 欣赏王献之《鸭头丸帖》，感受全帖的节奏起伏和气韵变化。

　　《鸭头丸帖》是王献之给友人的便札的行草作品，绢本，纵 26.1 厘米，横 26.9 厘米，
2 行 15 字。通篇纵横跌宕，不带尘俗之气，用墨枯润有致，墨色分明。现藏于上海博物馆。

东晋·王献之《鸭头丸帖》（局部）

第十课 变化笔画（上）

【历史典故】

写尽八缸水

柳公权小时候字写得很糟，常常因为大字写得七扭八歪受到老师的批评和父亲的训斥。于是，他下决心一定要练好字。经过一年多的日夜苦练，他写的字大有起色，和同年龄段的小伙伴相比，已经出类拔萃（cuì），受到不少称赞和夸奖，连向来严厉的父亲脸上也露出了笑容，柳公权不禁有些骄傲了。

有一天，一个卖豆腐的老头看了柳公权的字后对他说："我看你这字写得并不好，华原城里有个人用脚写得都比你好呢！"柳公权不服气，便去华原城里一探究竟。到了华原城，只见一棵大槐树下围了许多人，他挤进人群，只见一个没有双臂的黑瘦老人，赤着双脚，坐在地上，左脚压纸，右脚夹笔，正在挥洒自如地写对联。他的字龙飞凤舞，博得了围观人群的阵阵喝彩。柳公权这才知道卖豆腐的老头没有说谎，心里惭愧极了，于是忙向无臂老人请教写字的秘诀。老人在地上铺了一张纸，用右脚写了一段话："写尽八缸水，砚染涝池黑。博取百家长，始得龙凤飞。"柳公权将老人的话牢记在心，从此发奋练字，终成一代书法大家。

阅读启示：想要学好书法，不仅要勤奋练习，还要虚心接受他人的建议，并及时纠正自己的错误。

【基础知识】

变化笔画

颜体笔画中，除了八个基本笔画以外，其余笔画都是由基本笔画变化而来。变化方式主要有形态变化和组合变化。但是不论这些笔画如何变化，笔画的基本写法是不变的。本课主要学习基本笔画的形态变化，包括左右尖横、大小头竖、竖折、撇折、竖弯、角折等。

【基本技能】

1. 左、右尖横

（1）右尖横——起笔和横画相同，行笔由粗到细，收笔时要轻。

（2）左尖横——笔画由细变粗。

2. 大、小头竖

与竖画写法基本相同。

（1）大头尖——由粗到细，收笔要轻。

（2）小头尖——由细到粗，顺锋向下。

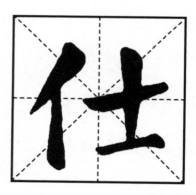

3. 竖折

（1）先竖后横，竖尾连横。竖画微弯，略向右斜。

（2）折部起笔与横画相同。

 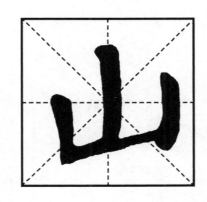 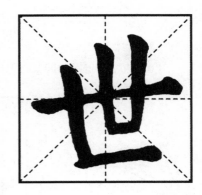

4. 撇折

（1）撇后连挑，写法分别与撇画、挑画相同。

（2）撇画若是短，则重而直，如"公"；撇画若是长，则轻而微弯，如"玄"。

（3）折部的写法就是挑画的起笔。

 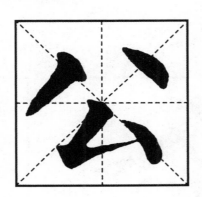 

5. 竖弯

（1）由竖画变形弯曲而来，前段与竖相同，较正，中段圆转，行笔略轻。

（2）后段要平，收笔与横画相同，略轻。

 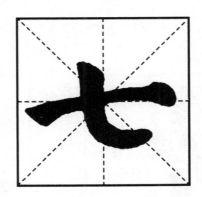 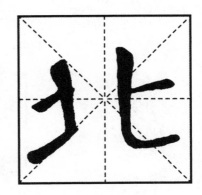

6. 角折

（1）起笔与圆点相同，顺锋向下重按，圆转向右带长挑。

（2）收笔与点撇相同，重按后，转向左下撇出。

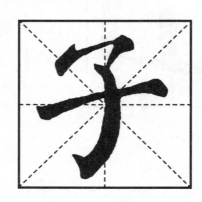

7. 横撇

（1）横后连撇，横、撇都较为轻细。

（2）横部较直，折部可方可圆且微微突出；撇长而略弯，后段较粗，收笔变细。

8. 斜折（撇点）

（1）撇后连长点，撇短、直且粗壮，收笔要圆。

（2）长撇相交点与短撇首对正。

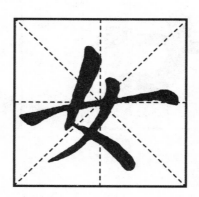
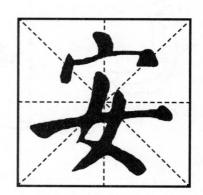

9. 横钩

（1）长横末端带钩，与长横基本写法相同。

（2）钩部重按，形大且圆，回锋后向左下方勾出。

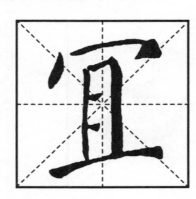

10. 竖提

（1）竖画末端连挑，竖画正直，由粗渐细。

（2）挑画出头，可另起笔，行笔斜向右上，收笔稍顿，劲直。

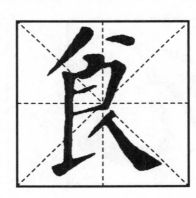
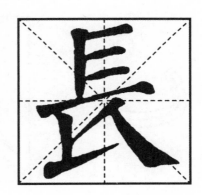

11. 斜钩（戈钩）

斜弯向右下，中段或后段略粗，斜向上出钩。

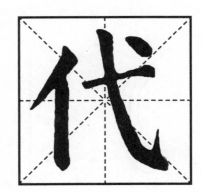

12. 横弯钩（心钩）

（1）顺锋向右下轻起，行笔逐渐加重变粗，后段粗壮，要注意平衡。

（2）末端仰起，出钩向左上方，指向字心。

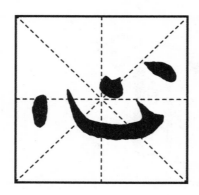

13. 竖弯钩（弯钩）

（1）竖部斜向左，中部圆转，略细。

（2）后段粗壮、平稳，出钩垂直向上。

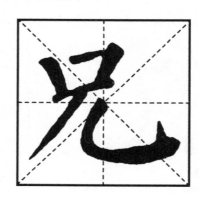

14. 弯钩

（1）写法与竖钩相同。中段略向右凸出，行笔有力，笔画粗壮。

（2）钩部与起笔处上下对正。

15. 直撇

直撇的写法与长撇相同，形直，且轻细，多用于字的中部，如"者""秘"。

16. 竖撇

写法与长撇相同，上段要正，后段略向左弯，形斜，多用在字的左边，如"月""川"。

 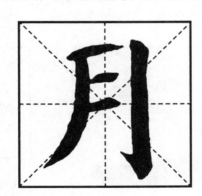 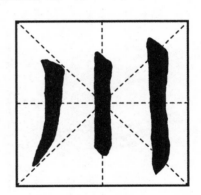

17. 短捺

（1）写法与长捺相同，行笔由细渐渐加粗。

（2）末端向右折转，平向右捺出。

18. 侧捺

（1）写法与长捺相同，行笔由细慢慢加粗，微弯，斜度小于长捺。

（2）侧捺与短撇组成"人"用在字底，如"是""走"。

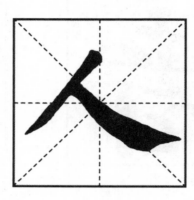

19. 横捺

写法与长捺相同，用笔厚重，前段稍斜，中、后段要平。

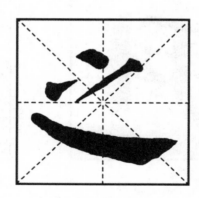

　　总之，无论笔画怎么变化，基本写法是不变的。所以，遇到变化笔画，书写时应当遵照之前学过的基本笔画的书写方法，不能只关注变化，而忘记了根本。

【诗书人生】

题朱审寺壁山水画

唐·柳公权

朱审偏能视夕岚，洞边深墨写秋潭。

与君一顾西墙画，从此看山不向南。

赏阅：

朱审擅长画山水、人物，他在寺壁上的那幅山水画，平远极目，能够表现出黄昏山林之中的雾气，用浓重的墨表现出秋天潭水的深邃（suì）、沉静。看了西墙上的这幅画以后，看山水就再不必到南方去了。

作者偶然看到寺壁上的山水画，诗兴大发，赞扬了朱审绘画技艺的传神。

柳公权（778—865），字诚悬，京兆华原（今陕西铜川）人，唐代书法家、诗人，官至太子太保。柳公权的书法以骨力劲健见长，有《玄秘塔碑》等书法作品传世。

【翰墨书香】

囊括万殊，裁成一相。或寄以骋纵横之志，或托以散郁结之怀，虽至贵不能抑其高，虽妙算不能量其力。

——唐·张怀瓘《书议》

赏阅：

草书艺术包括了自然万象，其表现形式的根源是客观物象，再把自然物象抽象成书法中的点画。书法或寄托抒发纵横驰骋天下的大志，或寄托排遣内心忧愁苦闷的情怀，就算处于极尊贵的地位也不能贬抑它的高深，就算神于谋算也不能衡量出他的效用。

张怀瓘（生卒年不详），海陵（今江苏泰州）人，唐代书法家、书学理论家，曾任翰林供奉、右率府兵曹参军等职。有《书议》《书断》等。

【乾坤通识】

柳体基本笔画（上）

柳公权的书法初学"二王"，后学欧阳询、颜真卿，他将几人的精华融入自身的书法之中，自成一体，世人称之为"柳体"。《玄秘塔碑》端正挺拔，内敛外拓，充分体现了柳体的特点。这里以该碑为例，简要介绍柳体书法。

1. 横的写法（平横）

（1）起笔——逆锋向左起笔后折笔轻顿。

（2）行笔——向右铺毫，中锋行笔。

（3）收笔——末端处先向右下顿笔，后提笔向左回锋收笔。

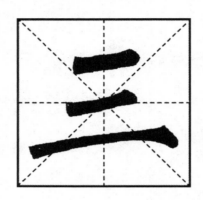

2. 竖的写法（悬针竖）

（1）起笔——左上方逆锋起笔后折锋向右下方顿笔。

（2）行笔——中锋向下行笔。

（3）收笔——至三分之二处稍驻后行笔出锋。

3. 撇的写法（竖弧撇）

（1）起笔——左上方逆锋起笔后向右下顿笔。

（2）行笔——转笔向下中锋行笔后向左下方转笔。

（3）收笔——力至笔端。

 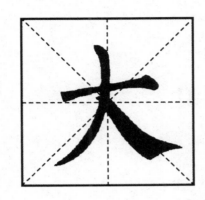 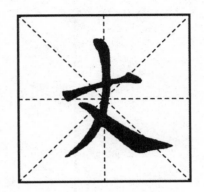

4. 捺的写法（直捺）

（1）起笔——左上方逆锋起笔。

（2）行笔——折锋向右顿笔后转锋向右下行笔。

（3）收笔——捺脚处顿笔后提笔向右出锋。

【知学思考】

1. 颜体的"变化笔画"分别有哪些书写要领？

2. 联系实际，谈谈你对"囊括万殊，裁成一相"这句话的理解。

【知行合一】

1. 掌握颜体变化笔画的书写要领，并练习书写相关汉字。

2. 与家人、朋友分享故事《写尽八缸水》和柳公权的《题朱审寺壁山水画》，学习柳公权知错就改的好品质和发奋学书的精神。

3*. 对比欣赏颜真卿和柳公权的笔画特点，思考：他们是如何体现"颜筋柳骨"的？

第十一课 变化笔画（下）

【历史典故】

蕉叶练字

怀素，唐代书法家，幼年好佛，出家为僧。他是书法史上一位独领风骚的草书大家。唐代吕总在《读书评》中说："怀素草书，援毫掣电，随手万变。"宋代朱长文《续书断》将怀素书

法列为妙品，评论道："如壮士拔剑，神彩动人。"怀素的草书，虽率意癫狂，千变万化，终究不脱离魏晋法度。

怀素有着十分惊人的吃苦精神。因为家贫买不起纸张，怀素就找来一块木板，在木板上涂上白漆用于书写练习。后来，怀素觉得漆板过于光滑，不易着（zhuó）墨，不便书写，就在寺院附近的一块荒地，种植了一大片芭蕉树。等到芭蕉长大后，他便摘下蕉叶，铺在桌上，临帖练习。由于怀素夜以继日地练字，芭蕉叶很快剥光了，小叶又舍不得摘，于是怀素又想了个办法，干脆直接带着笔墨站在芭蕉树前对着鲜叶练字。他写完一处，再写另一处，从未间断，最终成为了一代书法大家。

阅读启示： "宝剑锋从磨砺（lì）出，梅花香自苦寒来"，这则典故告诉我们，任何才艺本领都是靠勤学苦练换来的，有优越条件的要好好珍惜、勤奋学习，没有条件的要创造条件、想方设法学习。

【基础知识】

变化笔画

基本笔画除了具有形态变化，还有组合变化。基本笔画的组合变化，

就是由两个或两个以上基本笔画组合而成的新笔画，主要包括左右短折、横折、撇折、横折竖钩、横折斜钩、横折折钩、横折弯钩等。

【基本技能】

20. 左右短折

（1）外形以及写法与竖弯类似，中部折转，形状较方。

（2）收笔要轻，略成尖形。

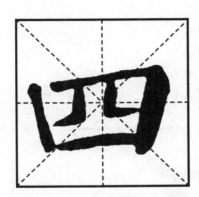
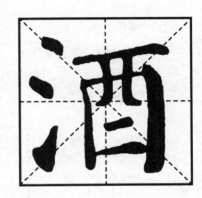

21. 横折撇折

（1）两个横撇上下连写，上撇较短且直，下撇长而略弯。

（2）折部，上折方而大，下折多圆转，略轻。

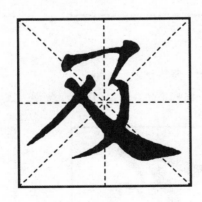

22. 横折竖钩

（1）竖画长，整体要正。

（2）折部多弯且竖部略弯，中部向右凸出，用在字的右方，如"甫"。

（3）折部可方，但竖画要直，用在字中，如"永"。

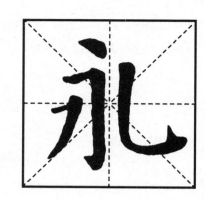

23. 横折斜钩

（1）竖画短，向左倾斜。

（2）横画劲直且细，竖画粗壮；折部多圆转。

（3）竖画可直，可弯。

24. 横折折钩

（1）上段为横折，折部方且突出，竖写作撇，较短。

（2）下段为横折钩，折部圆转，竖钩形长，后段斜向左弯，钩部与上竖末处对正。

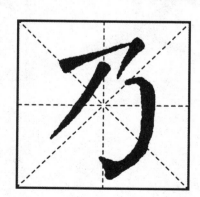
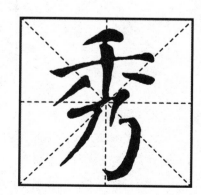

25. 横折弯钩（乙字钩）

（1）横画要斜。与竖弯钩相同，前段向左倾斜，后段要平。

（2）乙字钩与斜钩相同，后段斜向右下，略弯。

 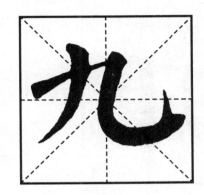 

26. 相向点

（1）由左圆点与撇点组成。左圆点与右圆点相反，逆时针运笔，形似椭圆。

（2）右点根据需要也可用短撇代替。

  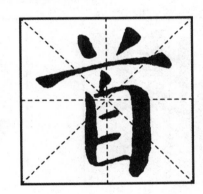 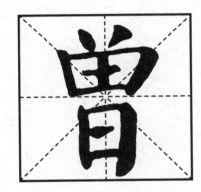

27. 左右点

（1）由左挑点与右圆点组成。

（2）左点逆时针运笔，形圆，收笔时向右上方挑，呼应右点，多用在小字形中。

28. 顺向点

（1）由撇点与右圆点组成。撇点在左，形圆，收笔时向左下方挑出。

（2）顺向点多在字头使用，如"并""父"。

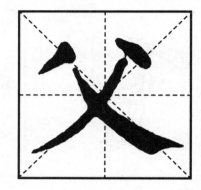

29. 八字点

（1）由短撇和右圆点组成。

（2）形长，较粗，多用在字底，以支撑整个字，如"典""兵"。

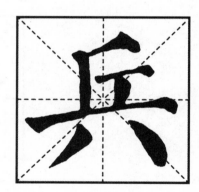

30. 上下点

（1）由上下两个右圆点组成，上小下大，要注意上下对正。

（2）多用在"人""夂"的下面，如"於（于）""终"。

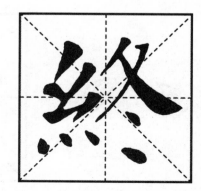

31. 横三点

（1）由两个右圆点与撇点横向组成，三点成一横排，皆向下方中部聚集。

（2）多与平撇或横组成"爪"字头。

32. 横四点

（1）由四个右圆点横向排列合成。

（2）四点被"刀"围住时，左点要大，如"馬（马）"；四点在字腰、字底时，外点要大，如"鲁（鲁）"。

33. 两对点

（1）四点写法各不相同，但均向中间聚拢。

（2）两对点中间往往由竖向笔画隔开，左下点出锋带挑向右上，呼应右点。

    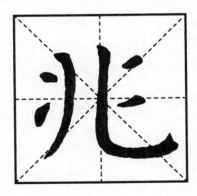 

　　无论是形态变化还是组合变化，归根结底都来源于最初的八种基本笔画，所以在书写时不能顾此失彼，要全面掌握各种笔画的书写规范。

【诗书人生】

题张僧繇醉僧图

唐·怀素

人人送酒不曾沽，终日松间挂一壶。
草圣欲成狂便发，真堪画入醉僧图。

赏阅：

　　自己没有买过酒，将朋友送的酒整日挂在松树上随意喝。草圣在酒醉时狂呼大叫，癫狂万态，笔走龙蛇。这种恣意潇洒的形象，真可以画一幅惟妙惟肖的醉僧图啊！

　　诗虽名为题古人画图，实际上表现了作者挥毫泼墨、醉酒狂书、放荡不羁（jī）的情形。

　　怀素（737—799），字藏真，俗姓钱，永州零陵（今湖南长沙）人，唐代书法家。怀素自幼出家为僧，擅长草书，与张旭齐名，合称"颠张狂素"。有《自叙帖》等书法作品传世。

【翰墨书香】

　　苏子美尝言：明窗净几，笔、砚、纸、墨皆极精良，亦自是人生一乐。然能得此乐者甚稀，其不为外物移其好者，又特稀也。

——北宋·欧阳修《试笔·学书为乐》

赏阅：

　　苏舜钦（字子美）曾说：窗明几净，有精良的笔、墨、纸、砚，（对案作书）也称得上是人生的一大乐事。然而能体味到这种快乐的人很少，不会被外界的事物迷惑而改变这种爱好的人就更是少之又少了。

　　欧阳修（1007—1072），字永叔，号醉翁，晚号六一居士，吉州永丰（今属江西省）人，北宋政治家、文学家，曾任枢密副使、参知政事等职，"唐宋八大家"之一。有《欧阳文忠公文集》。

【乾坤通识】

柳体基本笔画（下）

5. 折的写法（横折）

（1）起笔——逆锋起笔。

（2）行笔——中锋向右上行笔至折处后折笔向左下斜行。

（3）收笔——至末端处回锋收笔。

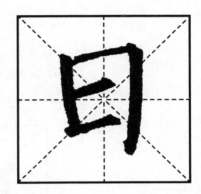

6. 钩的写法（竖钩）

（1）起笔——左上方逆锋起笔后折锋向右下顿笔。

（2）行笔——转锋向下中锋行笔。

（3）收笔——末端处向左下顿笔后向左上挑笔出锋。

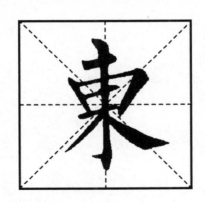
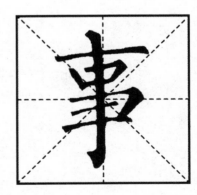

7. 点的写法（右向点）

（1）起笔——逆锋向左上起笔。

（2）行笔——折笔向右稍顿后转笔向右下行笔。

（3）收笔——略微提笔向左上方回锋收笔。

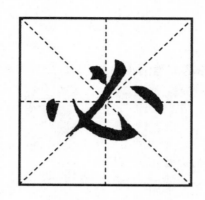

8. 挑的写法

（1）起笔——左下方逆锋起笔。

（2）行笔——右下方顿笔后回锋至中部。

（3）收笔——提笔向右上角出锋。

【知学思考】

1. 颜体"组合变化"而来的"变化笔画"有哪些书写要领？

2. 拥有"明窗净几"和极为精良的"笔砚纸墨"就是人生一乐，那为什么又说"能得此乐者甚稀"呢？

【知行合一】

1. 掌握颜体变化笔画的书写要领，并练习书写相关笔画的汉字。

2. 与家人、朋友分享故事《蕉叶练字》和怀素的《题张僧繇醉僧图》，了解怀素勤奋刻苦的精神和豪放不羁的性情。

3*. 欣赏怀素《论书帖》，感受其书法"英姿勃发、气象超然、结构平整、端庄大气"之风貌。

　　《论书帖》是怀素的草书作品，纸本，纵 38.5 厘米，横 40.5 厘米，9 行，共 85 字。此帖运笔意气平和，符合规矩，精谨纯熟。字字起落分明，虽无纵横捭阖的态势，但笔势飞动轻灵，圆融婉转，骨气深稳，血肉丰满。即便偶尔有所牵连，也毫不拖沓（tà）。现藏于辽宁省博物馆。

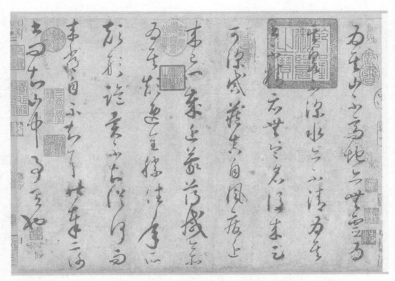

唐·怀素《论书帖》

第十二课　笔画运用（上）

偶创飞白

东汉灵帝熹平年间，皇上下旨令蔡邕写《圣皇篇》。完成后，蔡邕把写好的文章送到皇家藏书的鸿都门去。蔡邕在等待接见的时候，碰巧有几个工匠正用扫帚蘸着石灰水刷墙。为了消磨时光，他就站在一边看了起来。

可看着看着，他就看出一些门道儿来了。只见工匠一扫帚下去，墙上便出现了一道白印。但由于扫帚苗比较稀疏，蘸不了太多石灰水，墙面又不够光滑，所以一扫帚下去，白道里仍有些地方露出了些许墙皮。蔡邕眼前一亮，想到自己以往写字都会蘸足了墨汁，一笔下去，笔道全是黑色；若像工匠刷墙一样，让黑笔道里露出些白色的帛或纸来，那不是显得更加生动自然吗？想到这里，他一下来了灵感，交上文章后，就马上奔回家去。

蔡邕回到家里，顾不上休息，连忙备好笔墨纸砚，想着工匠刷墙的情景，提笔就写。可是，谁知想想容易，做起来难。一开始不是纸露不出来，就是露出来的部分过于生硬。但他不气馁，一遍遍地尝试，终于在蘸墨多少、用力大小和行笔速度等各方面，掌握好了干湿分寸，写出的字，黑色中隐隐露白，使字变得飘逸灵动，别有韵味。这种蔡邕独创的写法，很快就推广开来，并成为"飞白书"。直到今天，还被书法家们所应用。

阅读启示：生活是很神奇的，可以带给人们很多启发。蔡邕从工匠刷墙中领悟创造了"飞白书"，我们如果在今后的生活中养成细心观察的习惯，生活也会带给我们灵感和惊喜。

【基础知识】

笔画运用

笔画在字中并不是一成不变的，笔画在组合时，除了我们之前学习的形态变化，还有轻重变化。通俗说来，笔画的轻重就是粗细变化，由用力大小来决定，与笔毫下按程度有关。用力大，下按程度大，笔画就粗壮厚重；反之则轻，笔画就显得劲健有力。轻重变化主要有横轻竖重、撇轻捺重、左轻右重、多轻少重等。

【基本技能】

1. 横轻竖重

字中横画与竖画相比，横画用力轻，较细；竖画用力重，较粗，也就是所谓的横轻竖重。如"不""専（专）"，尤其是"専"体现得更加强烈。

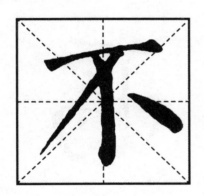

2. 撇轻捺重

当一个字中同时出现长撇与长捺，那么长撇要细（轻），长捺要粗（重）。撇、捺的粗细并不是均匀的，长撇只是中段略细，首尾略粗；长捺则是由细逐渐到粗。

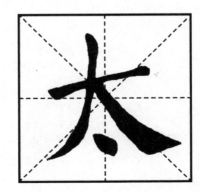

3. 左轻右重

一个字中有两个竖画呈左右相对的态势时，通常都是左竖较细（轻），右竖较粗（重）。

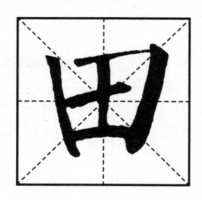 

4. 多轻少重

一个字中，若笔画多，笔画就要写得细些，避免笔画拥挤或者造成字形太大；反之，笔画少的字，笔画要粗一些，避免字形显得太小。

【诗书人生】

观徐复州家书画七首·其二

南宋·赵蕃

苏公书法自颜行^{háng}，犹谓蔡公居第一。
我穷颇亦类贾胡，笔势翩翩疑可识。

赏阅：

苏东坡的书法独领风骚，却还说蔡襄的书法才是第一。我穷尽所能却还是像经商的胡人所写，笔势轻飘无力似乎一眼就可以辨识出弊端。

赵蕃（1143—1229），字昌父，号章泉，原籍河南郑州，南宋诗人，他和当时居住在上饶的韩淲（biāo）并称"上饶二泉"。著作已佚。

【翰墨书香】

书画之妙，当以神会，难以形器求也……得心应手，意到便成。故造理入神，迥得天意，此难可与俗人论也。

——北宋·沈括《梦溪笔谈》

赏阅：

书画的妙处，要从精神上领会，而很难从外在的形体上求得……得心应手，领会到意就能有所成就。因此合于事理，达到出神入化的境界，独能得到自然的意趣，这是难与普通人谈论的。

沈括（1031—1095），字存中，号梦溪丈人，钱塘（今浙江杭州）人，北宋政治家、科学家，曾任太子中允、提举司天监等职。有《梦溪笔谈》。

【乾坤通识】

赵体基本笔画（上）

赵孟頫的书法上承晋唐传统，兼工篆、隶、真、行、草各体，尤以行、楷书最为精熟。代表作品有《妙严寺记》《胆巴碑》等。《胆巴碑》为赵孟頫晚年碑书作品，点画顾盼有致，用笔遒美峻拔。这里以该碑为例，介绍赵体书法。

1. 横的写法（平横）

（1）起笔——逆锋向左起笔后折笔向右下方稍顿。

（2）行笔——提笔调整笔毫后中锋向右行笔。

（3）收笔——至末端处转笔，向右下稍顿，提笔向左回锋收笔。

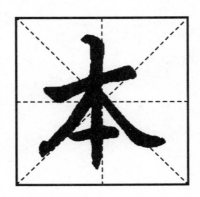

2. 竖的写法（悬针竖）

（1）起笔——左上方逆锋起笔后折锋向右下方顿笔。

（2）行笔——转笔向下中锋行笔。

（3）收笔——行笔至三分之二处稍驻后向下出锋。

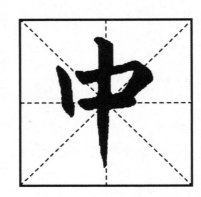

3. 撇的写法（竖弧撇）

（1）起笔——左上方逆锋起笔后向右下顿笔。

（2）行笔——转笔向下中锋行笔后向左下方转笔。

（3）收笔——力至笔端。

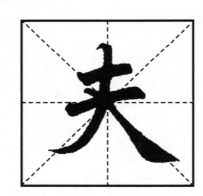

4. 捺的写法（直捺）

（1）起笔——左上方逆锋起笔。

（2）行笔——折锋向右顿笔后转锋向右下行笔，边行边按。

（3）收笔——捺脚处顿笔后提笔向右出锋。

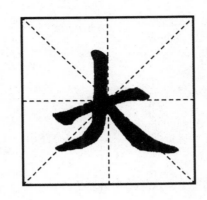
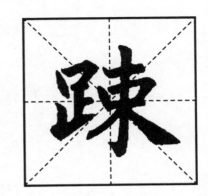

【知学思考】

1. 颜体笔画书写时都有哪些轻重变化?
2. 联系实际,谈谈你对"书画之妙,当以神会,难以形器求也"这句话的理解。

【知行合一】

1. 掌握颜体笔画的轻重变化,并练习书写相关汉字。

2. 与家人、朋友分享故事《偶创飞白》和赵蕃的《观徐复州家书画七首·其二》,感受古代书法家智慧的精妙、笔法的高超。

3*. 欣赏《熹平石经》,感受汉隶的古朴方正。

　　《熹平石经》是隶书体,刻于东汉灵帝熹平四年(175)至东汉光和六年(183),由蔡邕主持将儒学经典《周易》《尚书》《鲁诗》《仪礼》《公羊传》《论语》《春秋》刻石建于太学,后被认为是蔡邕的手迹。

东汉·蔡邕《熹平石经》(局部)

【历史典故】

辞官拜师

颜真卿在二十六岁那年参加了科举考试，并考中了进士。两年以后，他在朝廷里任校书郎一职，后来朝廷又让他到礼泉县（今属陕西省）去管理当地的治安。

尽管县衙里公事繁多，可颜真卿仍不忘练字。虽然大家对他的字都大加赞赏，他却认为"山外有山，天外有天"。不久，他就辞去了官职，拿着自己写的字，赶到洛阳去拜张旭为师。张旭听完颜真卿的来意，仔细地看了颜真卿写的字后对他说：

"你的字已经很不错了。现在国家正是用人之际，你是国家未来的栋梁，哪能在写字上花那么多功夫呢？只要勤加练习，你的字就会有所进步，不必拜我为师了。"颜真卿觉得张旭的这番话有道理，且见张旭执意不肯收自己为徒，便告辞回长安了。

后来，颜真卿回到朝廷里做了官，可他心里总是惦记着向张旭学书法的事。没过多久，他又一次辞去官职，到洛阳去寻找张旭。张旭被他的一片诚心感动，终于收下了这个徒弟。从此，颜真卿跟随张旭努力学习，书法大有长进，最后成了家喻户晓的书法大家。

阅读启示： 古代读书人大多信奉"学而优则仕"这一理念，颜真卿明明已经步入仕途，却为了能更专心学书法而辞官拜师，可见他对书法的热爱并非常人能及。

【基础知识】

笔画运用

　　一个字中，如果出现了相同的笔画，应该强调变化，以突出主笔（对一个字的形状、结构有重大影响的笔画叫主笔，大多为长笔画）为原则，其余的笔画或长或短，轻重不同；或曲或直，正斜不同；或行笔的方圆、转折各异，呈现不同的形态。并列、重叠的笔画切忌互相绝对平行。

【基本技能】

5. 主笔突出

（1）突出横画

　　如果一个字中只有横画，通常来说要突出下横，如"三"。同样，一个字中如果有多个横画，一般也要突出下横，如"直"。

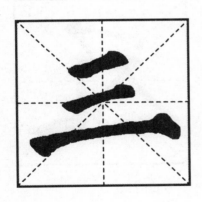 

（2）突出竖画

　　在一个字中有多个横画和中竖，一般应突出竖画，如"聿（yù）"。一个字中有横画有竖钩时，应突出横画，如"七"。

 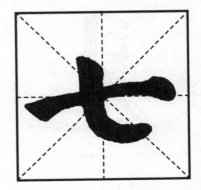

（3）突出撇画

如果一个字中有上下两撇，通常突出下撇，如"身""名"。

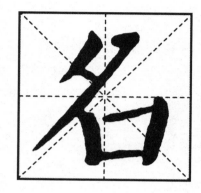

（4）突出捺画

如果在一个字中有撇有捺，一般突出捺画，如"之""及"。

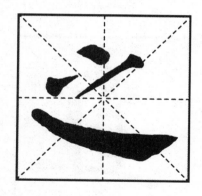
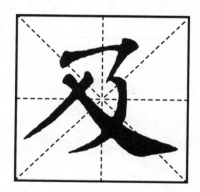

（5）突出钩画

在一个字中同时有撇画和弯钩，一般突出弯钩，如"見（见）""梵（fàn）"弯钩的长度几乎是撇画的两倍。

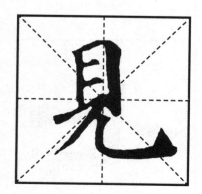
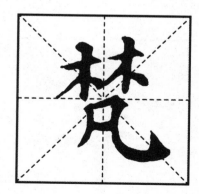

6. 同画求变

（1）重横

一个字中出现两笔或者两笔以上的横画称为重横，写重横要善于变化，如"畫（画）"中的九个横画，就有长短、曲直、藏露的不同。

 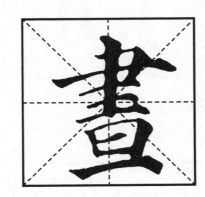

（2）重竖

一个字中出现两笔或两笔以上的竖画称为重竖，如"禪（禅）"字中的两竖，左为垂露竖，右为悬针竖。

（3）重撇

一个字中出现两笔或两笔以上的撇画称为重撇。如果一个字中出现较多的撇画，就要每一个都不同，如"脩（xiū）"字偏旁中的撇长于右半部分的首撇，"後（后）"字的四撇要有长短、藏露的变化。

（4）重捺

一个字中出现两笔或两笔以上的捺画称为重捺，如"遂"字两捺上短下长，"逢"字两捺上反下正。

（5）重点

一个字中出现两个或两个以上的点画称为重点，如"孚（fú）"的左点方而右点圆，"鳥（鸟）"的每一个点都有变化且相互呼应。

（6）重钩

一个字中出现两个或两个以上钩画称为重钩，如"亭"字上钩圆下钩方，"柔"字上钩短下钩长。

 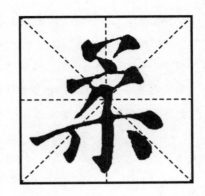

（7）重折

一个字中出现两笔或两笔以上折画称为重折，如"乃"字，上折方下折圆。若是一个字中出现较多的折画，如"能"字，每一折都有变化，大小、方圆、转折不同。

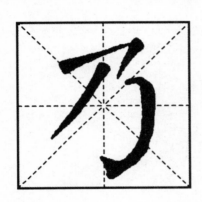 

轻重变化、突出主笔和同画求变，都是为了让字看上去更加分明俊美，不显庸俗。同时，这些技巧也并非一朝一夕就能完全掌握，要持之以恒地练习，将之融入到自己的书写习惯之中，自然就会取得进步了。

【诗书人生】

柳氏二外甥求笔迹·其一

北宋·苏轼

退笔成山未足珍，读书万卷始通神。
君家自有元和脚，莫厌家鸡更问人。

赏阅：

用坏的笔头堆成山，也未足珍惜，只有多读书才能融会贯通懂得书法之道。你的家族里本来有骨力劲健的"元和脚"（脚，即捺脚，代指书法，后亦指柳公权书法），不要轻视自家的传家宝而盲目推崇别人的东西（家鸡，喻指家传之学、家传之艺）。

　　苏轼的外甥柳闳（hóng）、柳辟很崇拜舅舅的书法，想索求笔迹以作练习书法的范本，苏轼写了两首七言绝句劝勉他们，本诗是其一。苏轼自谦说自己的书法未足珍惜，只有读书万卷，才能提高书法的境界，劝外甥要珍惜自家传承下来的法帖，不要盲目学习别人的东西。作者以亲切的笔调生动形象地说明了"博学"才能"精艺"的哲理。

【翰墨书香】

颜鲁公书雄秀独出，一变古法，如杜子美诗，格力天纵，奄有汉魏晋唐以来风流。

——北宋·苏轼《论书》

赏阅：

颜真卿的书法挺秀雄伟，独出心裁，改革古法，犹如杜甫的诗，格调气势上天赋予，完全具备了汉魏晋唐以来的高雅脱俗的品格。

【乾坤通识】

赵体基本笔画（下）

5. 折的写法（横折）

（1）起笔——逆锋起笔。

（2）行笔——逆锋写横，方笔写折。

（3）收笔——回锋收笔，整体外圆内方。

6. 钩的写法（竖钩）

（1）起笔——左上方逆锋起笔后折锋向右下顿笔。

（2）行笔——转锋向下中锋行笔。

（3）收笔——末端处向左下顿笔，转笔向上蓄势，最后向左上方出钩。

  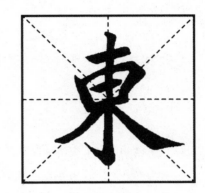

7. 点的写法（右点）

（1）起笔——逆锋向左上起笔。

（2）行笔——折笔向右稍顿后转笔向右下行笔。

（3）收笔——略微提笔向左上方回锋收笔。

 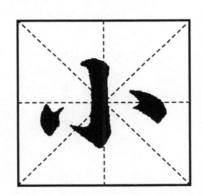 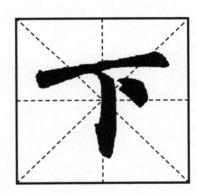

8. 挑的写法

（1）起笔——左下逆锋起笔后向右下顿笔。

（2）行笔——折锋向右上挫笔。

（3）收笔——蓄势向右上边提边出锋，力至笔端。

 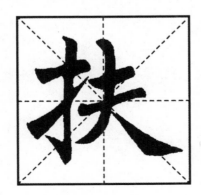 

【知学思考】

1. 颜体主笔突出和同画求变，都有哪些书写要领？
2. 为什么说颜真卿的书法如同杜甫的诗？这两者有哪些类似的风格？

【知行合一】

1. 掌握颜体主笔突出和同画求变的书写要领，并练习相关汉字。

2. 与家人、朋友分享故事《辞官拜师》和苏轼的《柳氏二外甥求笔迹·其一》，懂得学习要诚心求教的同时，更需要自身的不懈努力，同时不要盲目跟风。

3*. 欣赏苏轼《洞庭春色赋》，联系其生平事迹，思考他在书法和文学作品中是如何体现其豪放性情的。

《洞庭春色赋》是苏轼的行书作品。该帖笔意雄劲，姿态闲雅，潇洒飘逸，而结字紧密，集中反映了苏轼书法"结体短肥"的特点。现藏于吉林省博物馆。

北宋·苏轼《洞庭春色赋》（局部）

本单元教学建议

◎**教学目标**

1. 了解并初步掌握"永字八法"的相关知识。

2. 了解并初步掌握基本笔画的的书写方法以及注意事项。

3. 了解并初步掌握变化笔画的来源、分类以及书写方法。

4. 了解并初步掌握笔画运用中的轻重规律以及变化方式。

◎**教学重点**

将学习到的笔画相关知识运用于实际练习之中。

◎**教学难点**

根据学习的笔画知识，尝试组合课堂学习以外的汉字并进行书写练习。

◎**广览博学**

1. 搜索、阅读虞世南的《笔髓论》。

2. 搜索、阅读孙过庭的《书谱》。

3. 搜索、阅读苏轼的《论书》。

4. 搜索、欣赏米芾的书法作品《苕溪诗卷》。

5. 搜索、欣赏怀素的书法作品《论书帖》。

6. 搜索、欣赏苏轼的书法作品《洞庭春色赋》《中山松醪（láo）赋》合卷。

第三单元

偏旁部首

本单元概述

　　本单元安排的教学内容和教学目标是：引导学员掌握字首、字底、左偏旁、右偏旁以及包围部首的书写方法和注意事项；通过学习《山谷从谏》《怀帖过江》等历史典故，了解古代书法家对书法的无限喜爱，明白学好书法要博采众长，不能固步自封；通过赏阅《龟虽寿》《论书绝句》《冬夜读书示子聿》等古诗，懂得做人要积极乐观、奋发向上，做学问要孜孜不倦、持之以恒的道理；通过理解《续书断》《宣和书谱》《论书法》等书论作品中的名句，懂得"书为心画""学书须要胸中有道义，又广之以圣哲之学，书乃可贵"等道理。

【历史典故】

曹操衮雪

　　曹操是三国时期的政治家、军事家、文学家，在书法上也颇有造诣。在家学的熏陶下，曹操从小酷爱书法，即使在戎马倥（kǒng）偬（zǒng）的征战中也不忘苦练书法。曹操十分喜爱汉末书法家梁鹄的八分体隶书，曾花重金从民间购得他的法帖，挂在军营中，每天悉心揣摩，领悟用笔、结体的道理。

　　曹操擅长篆、隶，尤工章草，但历经沧桑，没有作品流传下来。现存唯一的书法作品是隶书刻石"衮雪"，现藏于陕西汉中博物馆。这两个字笔力雄浑潇洒，结构平扁自然，可以称得上是书中绝品。

　　关于"衮雪"这两字的来历，还有一个小故事。相传，公元215年，曹操经过褒谷，看到褒河湍急的水流冲打着乱石，洁白的水花仿佛卷起的雪花，十分壮观。曹操触景生情，书兴大发，写下了"衮雪"二字。至于"衮"字为何缺了三点，有几种说法：一是曹操认为"滚在河边，何故缺水？若再加三点，岂非画蛇添足？"二是"雪"在"衮"的左边，雪融化即为水，正好是"衮"边上的"水"。三是"衮"是衮服的衮，而衮服是天子祭祀时穿的礼服，这其中暗含曹操渴望君临天下的雄心壮志。

　　曹操不仅亲自钻研书道，还把宫廷内府秘藏的书法名迹摹编成册，提供给子孙后代临摹，在他言传身教的影响下，儿子曹丕（pī）、曹植，曾孙曹髦（máo）等人都在书法上都颇有成就。

　　阅读启示：曹操作为一代枭（xiāo）雄，戎马倥偬中仍不忘练习书法，同时对自己的后代也是严格要求，这种好学的家风造就了曹家几代人的文学地位和艺术成就。

【基础知识】

字首写法

在上下结构的字中，部首在上多呈现俯视状，呼应字底。字首大多由单字演变，往往缩短竖画，不变横画，上下紧凑，撇捺伸展，与单字比较，字首的高度缩短，宽度不变。本课主要学习常见字首中的宝盖头、尚字头、文字头、高字头、立字头、十字头、禾字头、人字头等。

【基本技能】

1. 宝盖头

（1）字头短，一般比下面单体较宽，上点为右向点，与左点同为竖点。

（2）右横钩与下面单体相呼应，右钩的位置与左点对称。

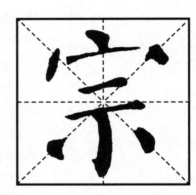

2. 尚字头

（1）与宝盖头相似，但是比下面的单体稍宽，竖居中且直。

（2）左右两点对称且相互呼应。

3. 文字头

（1）形状较小，上点居中，为右向圆点。

（2）横画左右呼应。

 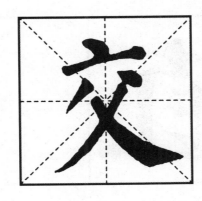 

4. 高字头

（1）由文字头和"口"组成，形状长而窄。

（2）上点居中，为右向点，且与横画下面的"口"部对正。

5. 立字头

（1）形状宽而短。上点居中，左右对称。

（2）下横要长且平，既能托住上横，又能盖住下部。

6. 十字头

（1）形状小，笔画要重。

（2）短横平，竖画写成撇，短且居中。

  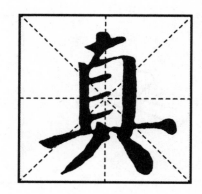

7. 禾字头

（1）形状稍大，上窄下宽。

（2）横画较长，竖要短且居中，左右对称。

（3）撇短而直，捺画缩为点画。

 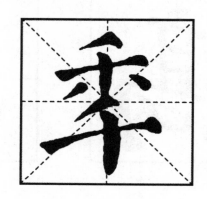 

8. 人字头

（1）撇画轻且直，在中竖线上起笔；捺画粗壮，一波三折。

（2）人字头一般比下面的单体稍宽，撇、捺收笔持平，长短适中，斜度相等；或捺画长伸，收笔较低。

【诗书人生】

龟虽寿（节选）

三国·曹操

老骥伏枥，志在千里。
烈士暮年，壮心不已。

赏阅：

　　年老体弱的千里马虽然伏在马槽上，但是它依然有驰骋千里的雄心壮志。有远大抱负的人士即使到了晚年，奋发思进的雄心也不会止息。

　　这是一首咏志诗，内蕴着一股自强不息的豪迈气概。作者以老骥自喻，表明宇宙万物有生必有死，是自然的规律，人应该利用有限之年，建功立业，并要老当益壮，始终保持昂扬乐观、锐意进取的精神。

　　曹操（155—220），字孟德，沛国谯（qiáo）县（今安徽亳州）人，三国时政治家、军事家、文学家、书法家，曹魏政权的奠基人。曹操精兵法，善诗文，其诗气魄雄伟，慷慨悲凉，散文清峻整洁；擅长书法，尤工章草。有《魏武帝集》。

【翰墨书香】

　　其发于笔翰，则刚毅雄特，体严法备，如忠臣义士，正色立朝，临大节而不可夺也。扬子以书为心画，于鲁公信矣。

——北宋·朱长文《续书断》

赏阅：

（颜真卿的精神风貌）体现在书法上，是刚毅雄奇、法度严谨、技法完备，好比忠臣义士，态度凛然地立于朝堂之上，在生死关头不失气节的情操是改变不了的。杨雄说"书法是心灵的表征"，在颜真卿的身上得到了很好的验证。

朱长文（1039—1098），字伯原，号乐圃，苏州吴（今属江苏省）人，北宋书法家。有《续书断》《吴郡图经续记》等。

【乾坤通识】

欧体偏旁（上）

1. 草字头

先左竖，后左提，然后再写撇和短横。竖和撇不宜过长，要注意遵循左收右放的原则。如，"菫（yù）"。

2. 宝盖头

上点位于字的中心线上，横钩要平。除个别字外，宝盖头要宽大，覆盖下部。如，"家"。

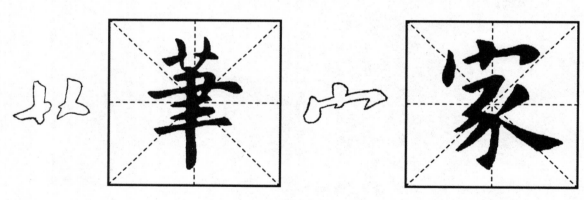

3. 春字头

先写三横，再写撇捺。三横的长短、形态、方向应有一定的变化，但是间距相等。撇画舒展，捺画厚重，整体较宽，以覆盖下部。如，"奉"。

4. 儿字底

左撇收缩，但要有力。竖弯钩的竖略微倾斜，底部平正，整体开张舒展，出钩要厚重。如，"克"。

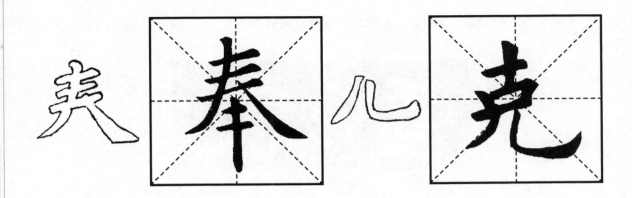

5. 王字底

三横长短、形态不一，根据不同的字具体安排。中竖位于字的中垂线上，底横平稳有力，稳托上部。如，"聖（圣）"。

6. 心字底

书写顺序为：左点，卧钩，中点，右点。左右两点可方可圆，中点要和右点呼应。卧钩重心平稳，出钩要有力。如，"思"。

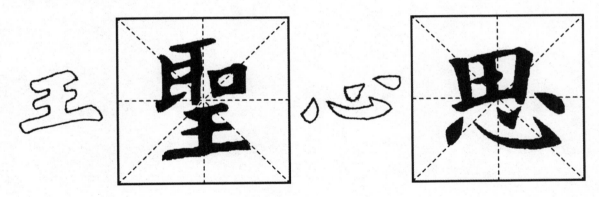

【知学思考】

1. 书写本课颜体常用字首时应注意哪些事项？

2. 人们常说"字如其人"，那么颜真卿的精神风貌是如何在他的书法上得到体现的呢？

【知行合一】

1. 掌握本课常用字首的书写要领，并练习书写相关汉字。

2. 与家人、朋友分享故事《曹操袞雪》和曹操的《龟虽寿》（节选），从曹操的书法与诗作中感受其雄心壮志。

3.欣赏曹操《衮雪》，体会其"笔墨雄浑"的书体风格。

三国·曹操《衮雪》

第十五课　字首写法（下）

【历史典故】

山谷从谏

黄庭坚十七岁时喜好草书，学习本朝书法家周越笔迹。由于未曾师从大家，虽苦练二十年，并未完全领悟前人的用笔之妙，因而墨守成规，未能脱尽俗气。

宋哲宗元祐（yòu）初年（1086），黄庭坚游学于苏轼门下。有一天，苏轼与书法家钱勰（xié）一同前往宝梵僧舍看黄庭坚挥翰作草，黄庭坚兴致勃发，研墨铺纸，挥笔不停。观者在一旁赞不绝口，众僧人也随声附和。惟有钱勰目不转睛，一言不发。

苏轼问钱勰："山谷的书法写得如何？"钱勰想了想，一本正经地回答："山谷写这种草书，也许还没有见过怀素的《自叙帖》真迹吧！"当时，黄庭坚对钱勰的这一刺耳诤（zhèng）言，很不以为然。

后来，黄庭坚在朋友石扬休的家中见到了一本怀素的《自叙帖》，仔细研读后才知自己与怀素的差距，想起先前钱勰的话，顿时惭愧不已。从此，黄庭坚除了专意揣摩怀素的书法外，更注意借鉴怀素将天地万物和书法联系在一起，摸索运笔变化的经验，书法艺术不断精进。到了晚年，他的书法出神入化，已臻（zhēn）三昧超妙之域，被世人誉为"宋四家"之一。

阅读启示： 学习书法不能固步自封，不能只因取得小成就而自满，而是要广览诸家之精要，博采众长，才能不断进步。

【基础知识】

字首写法

字首大多点、竖居中，左右对称，左右的撇捺、点钩等对应的笔画也要对称，且大小、长短、曲直、正斜也要对应协调。本课主要学习常见字首中的春字头、羊字头、草字头、竹字头、臼字头、田字头、山字头等。

【基本技能】

9. 春字头

（1）外形似三角形，整体比上面的单体要宽，撇捺向下延伸，占据大半格。

（2）横画宜短，但是三横要有变化，向上靠拢，撇捺斜度要基本相等。

10. 羊字头

（1）形状小，近方形。

（2）横竖皆短，横平竖直，规范整齐，但是三横要有变化。

（3）竖居中，左右对称。

  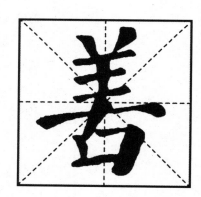

11. 草字头

（1）形状小，横竖皆短。

（2）横画写成左、右轻横，且左右相平。

（3）竖画向内斜，右竖变为短撇，向中间聚拢。

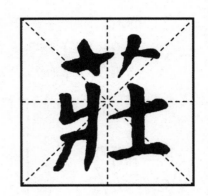

12. 竹字头

（1）形状小，一般占整体的三分之一，左右持平。

（2）左撇粗壮，右撇较小；横画与撇的内部相连，两点向内倾斜，左点为圆点，右点类似撇，且与下面单体相呼应。

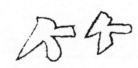

13. 臼字头

（1）左右方向相反，分开，相平。

（2）两竖略微向内倾斜；横画很短，形似点画，且起、收方圆，横画大小各异。

14. 田字头

（1）书写时上宽下窄，形状方正或略扁。

（2）外框两竖左轻右重，皆向内倾斜，横画相平。一般比下面的单体稍窄。

15. 山字头

（1）一般比下面单体稍窄，中竖较长，向上突出，方头重起。

（2）边竖宜短，形状各异。

（3）横画上斜，与挑画类似。

（4）整体可正可斜，但大多呈斜势。

【诗书人生】

松风阁（节选）

北宋·黄庭坚

野僧早饥不能饘，晓见寒溪有炊烟。

东坡道人已沉泉，张侯何时到眼前。

钓台惊涛可昼眠，怡亭看篆蛟龙缠。

安得此身脱拘挛，舟载诸友长周旋。

赏阅：

云游的和尚早上饿了，然而没有粥喝，天亮后寒溪中有炊烟袅袅升起。亦师亦友的苏东坡已经沉泉仙逝，同门好友张耒（lěi）何时能相见？白天可在钓台波涛声里睡眠，也可看怡亭上像蛟龙缠绕的篆书。如何才能让身心摆脱俗世的羁绊，与好友一起长久地随性泛舟呢？

黄庭坚（1045—1105），字鲁直，号山谷道人，洪州分宁（今江西修水）人，北宋文学家、书法家，曾任北京国子监教授、校书郎、秘书丞等。他的诗造诣很高，与张耒、晁（cháo）补之、秦观合称"苏门四学士"；其书法兼善行、草，以侧险取势，纵横奇崛，自成风格，为"宋四家"之一。有《山谷集》。

【翰墨书香】

学书须要胸中有道义，又广之以圣哲之学，书乃可贵。

——北宋·黄庭坚《书缯卷后》

赏阅：

学习书法胸中必须存有道德义理，再以圣人的学问扩充胸襟，写出来的字才会可贵。

【乾坤通识】

欧体偏旁（中）

7. 竖心旁

两点左低右高，均位于竖的中上部分。竖为垂露竖，但是不宜过重。如，"惜"。

8. 示字旁

上点要立起，横长撇短或横短撇长。竖为垂露竖，上端与上点对正。为避让右部，捺收缩为点。如，"福"。

   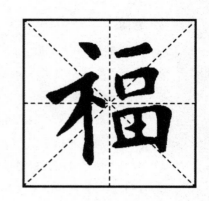

9. 言字旁

上点偏右立起。三横的上横稍长，覆盖下部，下两横长短、方向不一。"口"字不宜过大，但是要轮廓分明。如，"誠（诚）"。

10. 反文旁

撇不宜过长，斜撇和弯头撇均可。下撇要轻，但是不能飘浮。捺画要重，以稳定重心。如，"敢"。

   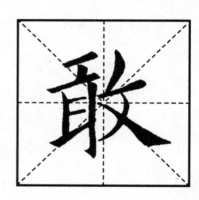

11. 斤字旁

上撇必须用平撇。竖画悬针竖、垂露竖均可，但是必须垂直。如，"斯"。

12. 隹字旁

上撇宜短，竖画宜长，为垂露竖，挺拔有力。横画之间距离相等，竖画不宜过长，要顶住上点。如，"唯"。

【知学思考】

1. 书写本课颜体常用字首时应注意哪些事项？

2. 联系实际，谈谈你对"学书须要胸中有道义，又广之以圣哲之学，书乃可贵"这句话的理解。

【知行合一】

1. 掌握本课颜体常用字首的书写要领，并练习书写相关汉字。

2. 与家人、朋友分享故事《山谷从谏》和黄庭坚的《松风阁》（节选），懂得做人要虚心接受他人意见，以虚怀若谷的心态向能者学习，博采众长，成就自我。

3*. 欣赏黄庭坚《松风阁诗帖》，感受其"笔意连贯、气势纵横"的书法特色。

　　《松风阁诗帖》，纸本，纵32.8厘米，横219.2厘米，29行，153字，是黄庭坚晚年作品，内容为其所作的七言诗。该帖下笔平稳，通篇跌宕起伏，变化含蓄，意韵十足，堪称行书中的精品。现藏于台北故宫博物院。

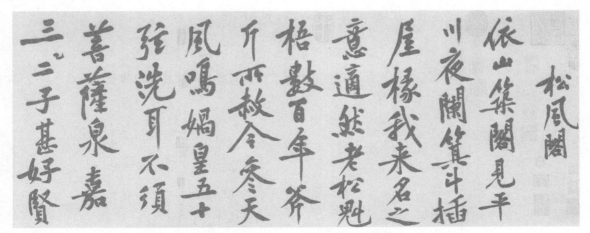

北宋·黄庭坚《松风阁诗帖》（局部）

第十六课 字底写法（上）

作书律己

赵孟頫为宋朝皇室后裔，受家庭环境的熏陶，从小酷爱书画，二十多岁时就闻名乡里。他在元朝为官后，闲暇之余仍坚持临帖练字，不断追求书法的新境界。他为人谦虚谨慎，仰慕他而登门索书的人纷至沓来，他总是来者不拒，慷慨挥毫赠送作品。

有一次，他得到一卷米芾的《壮怀赋帖》手书，赞赏之余又不禁为之叹息，因为他发现中间残缺数行。于是，他萌生一个想法，向亲朋好友借来一本同样的字帖，准备将残缺的字勾摹到石面上后再拓印补全。然而，赵孟頫一连临摹了六、七张宣纸，还是不满意，他这才醒悟自己所书写的字与米芾书法的差距还是很大。

此后，对于求书这类事，他都尽量拒绝。他认为艺术创作就好像一户人家花钱一样，有收入，才能支出，如果长年累月只出不进，即使家底丰厚，也会坐吃山空，最后倾家荡产。赵孟頫在艺术上的这种严于律己的精神，使他的书法水平得到了显著的提升。

阅读启示： 谦虚有礼是做人必备的道德品质，赵孟頫从来者不拒到能推则推的转变中所体现的严于律己的精神，值得我们学习。

【基础知识】

字底写法

在上下结构的字中，部首在下称为字底。字底要稳，才能托住字头。

与单字比较，由单字演变的字底中竖向笔画相应缩短，横向笔画不变，但是上下靠紧撇画、捺画大多缩短变成点画，也就是整个字的高度缩短，宽度不变。左右对应笔画仍要相互对称。本课主要学习常见字底中的日字底、皿字底、贝字底、木字底、示字底以及绞丝底。

【基本技能】

1. 日字底

（1）形小，一般比上面的单体窄。

（2）两竖左短右长，中横与左竖相连。

2. 皿字底

（1）形扁平，底横上凸。

（2）较上面的单体宽，四竖外重内轻，排列匀称，两边略向内倾斜。

（3）右边竖多为圆笔，略微外凸。

3. 贝字底

（1）形窄长，居中，较上面的单体一般较窄，但有时也会略宽。

（2）两竖左短右长，内横与左竖相连，底横向左出头，两点分别与两竖对正。

4. 木字底

（1）形宽而扁，横画长，向左右伸展，托住上部。

（2）竖钩短，居中，直中略带弯意。

（3）两点间有一定距离，左点带挑与右点呼应。

5. 示字底

（1）上窄下宽，整体比上部窄。

（2）竖钩居中，左右对称，两点位置和写法与木字底相同。

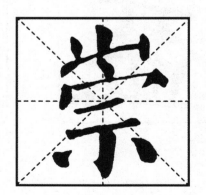
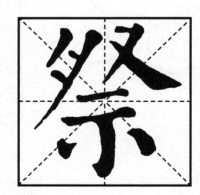

6. 绞丝底

（1）整体较长，外形接近三角形。

（2）竖钩居中，与首撇的起笔上下对正，左右对称。

【诗书人生】

岳鄂王墓（节选）

元·赵孟頫

鄂王坟上草离离，秋日荒凉石兽危。
南渡君臣轻社稷，中原父老望旌旗。

赏阅：

　　岳飞（宋孝宗追封岳飞为鄂王）墓上野草萋（qī）萋，秋天飒飒吹过残破的石兽，显得更加荒凉。高宗、秦桧等君臣偏安一隅（yú），不图收复中原，可中原的父老还在盼望着大军到来解救黎民。

　　本诗表达了作者对英雄岳飞遭遇的同情，对南宋政权苟安一隅、不图收复中原大业的失望之情。

　　赵孟頫（1254—1322），字子昂，号松雪，吴兴（今浙江湖州）人，南宋末至元初书法家、画家、诗人，曾任翰林侍读学士等职。他的书法遒媚秀逸，结体严整，笔法圆熟，为"楷书四大家"之一。有《洛神赋》《胆巴碑》等书法作品传世。

【翰墨书香】

　　壮岁未能成家，人谓吾书为"集古字"，盖取诸长处，总而成之。至老始自成家，人见之不知以何为祖也。

——北宋·米芾《海岳名言》

赏阅：

壮年的时候书法还不能自成一家，别人说我的书法是"集古字"，大概就是吸取先人的长处，综合取舍而成。到我年岁再大些的时候才自成一家，别人看了不知道我的书法源出哪里。

米芾（1051—1107），字元章，号襄阳居士，祖籍襄阳（今属湖北省），后定居润州（今江苏镇江），北宋书法家、鉴定家、画家、收藏家，曾任书画学博士、礼部员外郎等职。米芾为"宋四家"之一，有《蜀素帖》等书法作品传世，著有《书史》等。

【乾坤通识】

欧体偏旁（下）

13. 走之旁

上点挺立，与横折折撇和底捺的交点在同一垂直线上。横折折撇注意收缩，底捺舒展而平稳。如，"遠（远）"。

14. 建字旁

横折折撇的横部不宜过长，折要收紧，下撇伸展。底捺要平，一波三折。如，"延"。

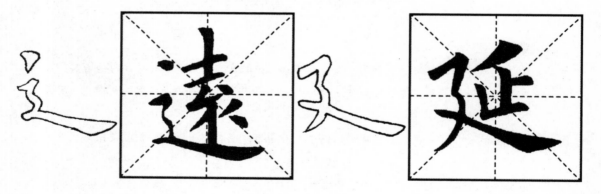

15. 尸字头

横画要长，以覆盖下部。撇画为竖撇，行笔舒展，力至笔端。如，"居"。

16. 广字头

与尸字头相同，横画要长，包围下部。上点凌空取势，撇画舒展有力，力至笔端。如，"鹿"。

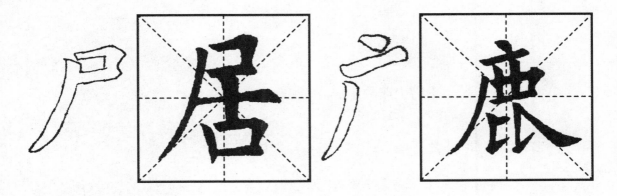

17. 风字头

左撇为回锋撇，展示骨力。折部清楚，斜钩挺拔有力。整体框架上窄下宽，上斜下平。如，"颷（风）"。

18. 国字框

整体左低右高，四角平稳，内部空间大。左竖方笔起笔，笔画沉稳，横折起笔同为方笔，折部为圆笔。钩画含蓄有力，底横平稳。如，"固"。

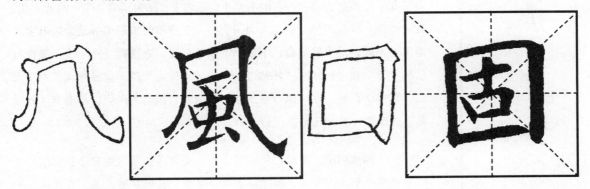

【知学思考】

1.本课学习的颜体常用字底在书写时应注意哪些事项？与欧体的偏旁有什么不同？

2.学习书法如何才能形成自己独有的风格？

【知行合一】

1.掌握本课颜体常用字底的书写要领，并练习书写相关汉字。

2.与家人、朋友分享故事《作书律己》和赵孟頫的《岳鄂王墓》（节选），学习岳飞精忠报国的高贵品格和赵孟頫严于律己的作风。

3*.赵孟頫认为："学书有二，一曰笔法，二曰字形。笔法弗精，虽善犹恶；字形弗妙，虽熟犹生。学书能解此，始可以语书也。"谈一谈你对这句话的理解。

第十七课　字底写法（下）

【历史典故】

怀帖过江

王导，字茂弘，东晋时期的政治家、书法家，历仕晋元帝、明帝和成帝，是三朝重臣，也是东晋政权的奠基人之一。

王导特别喜爱钟繇、卫瓘的书法作品，曾经费了九牛二虎之力得到钟繇的书帖《宣示表》，作为镇宅之宝。西晋末期，社会动荡，战乱频仍，很多人为了生存，在逃难时携带的都是金银财宝。但王导不同，他爱帖如命，不惜扔下全部财产，唯独把《宣示表》缝在自己的衣带中渡过长江。"怀帖过江"的故事传为美谈，他最终成了书法大家，其书法自成一家，以行草最佳，在当时有很高的声望，草书有《省示帖》《改朔（shuò）帖》流传于世。

阅读启示： 面对战乱，很多人都会选择能够满足自身衣食住行需求的钱财傍身，王导却丢弃了财物，独带字帖渡江，可见他对书法的无限热爱。

【基础知识】

字底写法

本课主要学习常见字底中的竖心底、四点底、口字底、儿字底以及女字底的写法。

【基本技能】

7. 竖心底

（1）竖钩较长，微弯，稍偏左。

（2）左点带挑，呼应右点；右侧两点内小外大；三点基本在同一水平上。

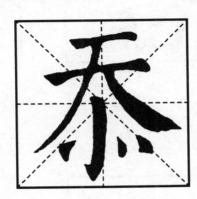

8. 四点底

（1）四点排列要匀称，形状大小各不相同，特别是方向不同。

（2）右点要厚重圆浑，四个点之间相互呼应。

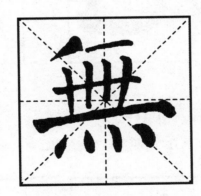

9. 口字底

（1）形小，上宽下窄。

（2）两竖左轻右重，左短右长，向内侧倾斜。

（3）首横与右侧相连。

10. 儿字底

（1）形宽，左撇直而短。

（2）竖弯钩左斜右伸，后段厚重有力，以稳定重心。

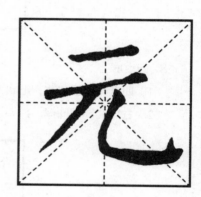

11. 女字底

（1）形扁，近似菱形，一般比上面的单体宽。

（2）横画长而平，有一定的斜度，撇点与撇紧靠，交点居中，两笔画的收笔处左右相平。

　　总的来说，有长横的字底，长横要平；竖弯钩的后段要平；中竖、中点书写时要居中，来平衡字的重心。而"口""日""皿"等字底，要居中安排好位置，不偏不倚。

【诗书人生】

论书绝句

清·王文治

墨池笔冢任纷纷，参透书禅未易论。
细取孙公书谱读，方知渠是过来人。

赏析：

　　王羲之临池学书，池水尽黑，智永退笔为冢，此类故事数不胜数，可要真的领会书学的奥秘谈何容易。取来孙过庭的《书谱》细细研读，才知道原来孙公的书法也是这样勤苦练成的。

　　作者以王羲之、智永、孙过庭等古代书法家勤学苦练的故事为例，告诉人们"业精于勤"的道理。

　　王文治（1730—1802），字禹卿，号梦楼，江苏丹徒人，清代诗人、书法家。有《梦楼诗集》《快雨堂题跋（bá）》传世。

【翰墨书香】

　　盖胸中渊著，流出笔下，便过人数等，观之者亦想见其风概云。

——北宋·《宣和书谱》

赏阅：

　　心胸宽广，学问广博，流露于笔下，便能胜过他人好几等，看到他们的优秀书法，也能透过作品联想到其风度气概。

　　《宣和书谱》，共二十卷，记宋徽宗宣和内府所藏书法墨迹，分历代诸帝王书，以及篆、隶、正、行、草、八分、制诰等八门。本书叙论详明，保存了比较丰富的书法史料，可作研究古代书学及书迹流传的参考。

【乾坤通识】

柳体偏旁（上）

1. 草字头

书写顺序为：左竖，左提，然后再写撇和短横。竖和撇不宜过长，要注意遵循左收右放的原则。

如，"荷"。

2. 宝盖头

上点位于字的中心线上，横钩要平。除个别字外，宝盖头要宽大，覆盖下部。如，"察"。

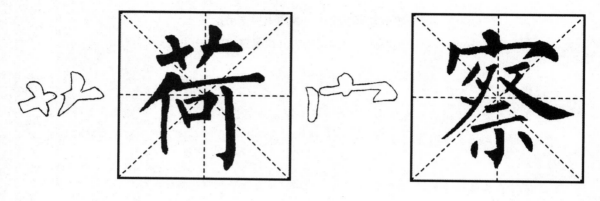

3. 春字头

先写三横，再写撇捺。三横的长短、形态、方向应有一定的变化，但是间距相等。撇画舒展，捺画厚重，整体较宽，以覆盖下部。如，"奉"。

4. 心字底

书写顺序为：左点，卧钩，中点，右点。左右两点可方可圆，中点要和右点呼应。卧钩重心平稳，出钩要有力。如，"慈"。

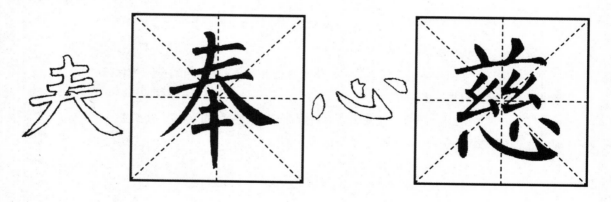

5. 绞丝底

上撇折宜小，下撇折略大。"小"字竖钩有力，左右两点应相互呼应。如，"累"。

6. 木字底

横画方笔起笔，精瘦不失骨力，长且平稳。竖钩不宜过长，出钩要含蓄有力。撇捺缩为两点，相互呼应。如"樂（乐）"。

【知学思考】

1. 书写本课颜体常用字底应注意哪些事项?

2. 联系实际,谈谈你对"盖胸中渊著,流出笔下,便过人数等"这句话的理解。

【知行合一】

1. 掌握本课颜体常用字底的书写要领,并练习书写相关汉字。

2. 与家人、朋友分享故事《怀帖过江》和王文治的《论书绝句》,体会古人对于书法作品的钟爱之情,懂得业精于勤的道理。

3*. 欣赏赵佶(jí)《千字文》,体会其"笔画细瘦、瘦劲奇崛"的特色。

瘦金体为宋徽宗赵佶所创,个性鲜明强烈,运笔灵动,风姿绰约,笔迹瘦劲却不失其韵。宋代书法尚韵,这一点在赵佶的瘦金体上得到了很好的体现。因其笔画瘦硬,因此笔法外露,运转、提顿等运笔痕迹明显,世人评价该书体:"天骨遒美,逸趣霭(ǎi)然"。

《千字文》,纸本,纵 31.2 厘米,横 323.2 厘米,是赵佶早年的作品,下笔尖重,行笔细劲,撇捺锋利。整体端正明朗,通篇遒丽,有明显的瘦金体特点。现藏于上海博物馆。

北宋·赵佶《千字文》(局部)

第十八课 左偏旁写法（上）

【历史典故】

诚悬笔谏

《弟子规》中说："墨磨偏，心不端，字不敬，心先病。"大意是：写字之前要磨墨，如果心中态度不端正，墨就会磨偏；内心浮躁不定，写出来的字也会歪歪斜斜。一个人的字可

以反映这个人的内心世界：字迹凌乱，那么书写者的心可能就是浮躁不安的；反之，如果字迹工整大方，那么就说明书写者心思是平静的，没有杂念的。因此，想要学好书法，首先要端正态度，再一心一意地刻苦练习。

柳公权，字诚悬，是唐代楷书大家，为人刚正不阿，字如其人，严谨正直，有"柳骨"之称。有一次，唐穆宗李恒向柳公权请教书法，问道："你的书法这么好，有什么秘诀吗？"柳公权回答道："写字之前要握正笔，而用笔的诀窍在于心，心正则笔正。"唐穆宗听出柳公权言外之意是规劝自己要做一位明君。这个故事被称为"诚悬笔谏"。

阅读启示： 柳公权用"心正则笔正"规劝皇帝要做贤明的君主。柳公权的书法也和他本人一样刚正不阿，由此可见"字如其人"，同时可知"诚意""正心"的重要性。

【基础知识】

左偏旁写法

在左右结构的字中，左偏旁在字的左边。此类字，字的右部为主，偏旁次之，大多向右倾斜，与右部呼应。竖画长度不变，横画相应较短。本课学习常见左偏旁中的单人旁、双人旁、提手旁、木字旁、禾字旁、竖心

旁、左耳旁、示字旁、衣字旁、口字旁和日字旁。

【基本技能】

1. 单人旁

（1）形窄长，短撇浑圆厚重。

（2）竖画基本对准上撇的中心，运笔较轻，长短要根据右面单体而有所变化。

  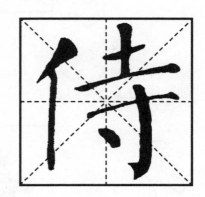

2. 双人旁

（1）形窄长，与单人旁相似。

（2）两撇上短下长，下撇起笔对应上撇中心。

（3）竖画起笔对准下撇中心，直中带弯。

3. 提手旁

（1）形窄长，横画缩短，竖钩藏锋起笔，长且直中带弯，略向右倾斜。

（2）挑画与竖钩中间相交，斜向右上。

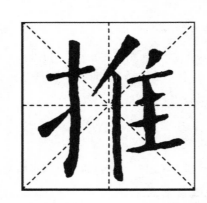

4. 木字旁

（1）形窄长，横画短，一竖既可以带钩，也可以不带。

（2）左撇长，在横下起笔，右捺变点，靠撇首下方起笔。

5. 禾字旁

（1）形窄长，写法同木字旁。

（2）上撇短，下撇长，右捺变为点画，与右边单体互让，竖钩要对准上撇的中部。

6. 竖心旁

（1）形窄长，一竖要用垂露竖，微向外凸，略向右部倾斜。

（2）两点都在横中线以上，左低右高，左点用竖点，右点用斜点，两点相互呼应。

  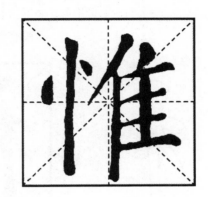

7. 左耳旁

（1）耳钩要小，在横中线以上，两折上大下小，有所变化，撇与圆钩圆转相连。

（2）一竖用垂露竖，长而略弯，稍向右部倾斜。

 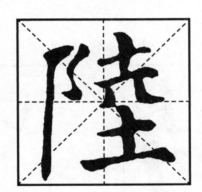 

8. 示字旁

（1）与禾字旁相似，上点用左尖横，与竖上下对正。

（2）左撇稍长，右捺变点，竖要用垂露竖，撇、点靠上。

9. 衣字旁

（1）与示字旁形似，右部两点靠上。

（2）上点变为短撇，下点在短撇收尾处起笔。

10. 口字旁

（1）写法与口字相同，整体短小。

（2）在字中的位置为左部靠上。

11. 日字旁

（1）形窄长，竖正，左竖短，右竖长，右竖起笔多用圆笔。

（2）中间短横连左不连右，下横向右挑，呼应右部单体。

【诗书人生】

冬夜读书示子聿

南宋·陆游

古人学问无遗力，少壮工夫老始成。
纸上得来终觉浅，绝知此事要躬行。

赏阅：

古人在做学问上往往不遗余力，即便是从少年时开始学习，也要到老年才能初步取得成就。从书本上得到的知识终归觉得浅薄而不够完善，想要深入理解其中的道理，一定要亲自实践。

本诗写的是陆游的教子理念，告诉我们做学问不仅要持之以恒，还要投身实践才能领悟更深的道理。

陆游（1125—1210），字务观，号放翁，越州山阴（今浙江绍兴）人，南宋文学家、史学家、书法家，曾任严州知州、秘书监等职。陆游诗、词、文、书法成就都很高，其诗章法谨严，语言平易晓畅，兼具李白的雄奇奔放与杜甫的沉郁悲凉。有《陆放翁全集》。

【翰墨书香】

君复书法，高胜绝人，予每见之，方病不药而愈，方饥不食而饱。

——南宋·陆游《放翁题跋》

赏阅：

林逋（bū，字君复）的书法，高明优异胜过常人，我每次见到，生病的时候即使不吃药也能痊愈，饥饿的时候即使不吃饭也觉得饱足。

【乾坤通识】

柳体偏旁（中）

7. 竖心旁
两点左低右高，相互呼应，均位于竖的中上部分。竖为垂露竖，但不宜过重。如，"悟"。

8. 示字旁

上点要立起，横长撇短或横短撇长。竖为垂露竖，上端与上点对正。为避让右部，捺收缩为点。如，"祥"。

9. 言字旁

上点偏右立起。三横的上横稍长，覆盖下部，下两横长短、方向不一。"口"字不宜过大，但是要轮廓分明。如，"詞（词）"。

10. 反文旁

撇不宜过长，斜撇和弯头撇均可。下撇要轻，但是不能飘浮。捺画要重，以稳定重心。如，"故"。

11. 斤字旁

上撇必须用平撇，竖撇可改为竖钩撇。竖画悬针竖、垂露竖均可，但是必须垂直。如，"斯"。

12. 隹字旁

上撇宜短，竖画宜长，为垂露竖，挺拔有力。横画之间距离相等，竖画不宜过长，要顶住上点。如，"雖（虽）"。

 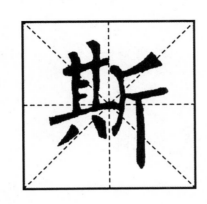  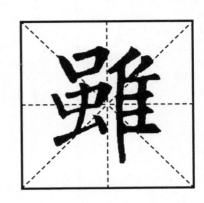

【知学思考】

1. 书写本课颜体的左偏旁应注意哪些事项?

2. 为什么古人看到好的书法作品可以"不药而愈""不食而饱"呢?

【知行合一】

1. 掌握本课颜体常用左偏旁的书写要领,并练习书写相关汉字。

2. 与家人、朋友分享故事《诚悬笔谏》和陆游的《冬夜读书示子聿》,理解"心正则笔正"的道理,懂得理论联系实践的重要性。

3. 猜一猜:"雁斜游,倚西楼。思小憩,却摇头。"打一字(谜底的偏旁是本课所学之一)。

4*. 欣赏陆游《怀成都十韵诗卷》,体会其书法"柔中带刚、欲言又止"的特色。

　　此卷为陆游晚年为友人手录的旧日所作的一首七言古诗,诗中主要描写作者50岁左右在成都做官时的生活情景。书法风格豪放跌宕,瘦硬通神。现藏于故宫博物院。

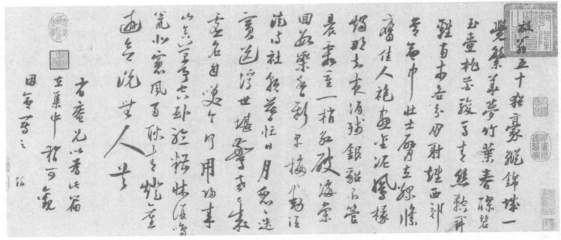

南宋·陆游《怀成都十韵诗卷》

第十九课 左偏旁写法（下）

王僧虔训子

王僧虔，南朝宋、齐间的书法家，王羲之的四世族孙。他的书法继承祖法，丰厚淳朴而有气骨，为时人所推崇，传世书帖有《王琰（yǎn）帖》等。

王僧虔是一位严父，望子成才心切。儿子王慈五六岁时，王僧虔就教他读书写字。有一次，王慈在抄写《三国志》时，自恃高明，对书中的一些难点不懂装懂。王僧虔为了教子，写了一篇《教子书》，列举汉代经学家郑玄读一本书要参阅数十家注释的事迹，启发他读书写字不但要知其然，更要知其所以然。

又有一段时间，王慈对读书写字产生了厌倦的情绪，总想找到一条通往成功的捷径，于是恳求父亲把写字的技巧一次性全告诉他。王僧虔听后说："俗话说'师傅领进门，修行在自身'，读书写字的道理同样如此，不能依赖别人，不能走捷径，要靠自己一步一个脚印、扎扎实实地努力钻研。现在你要我传授写字的秘诀，这个想法固然不错，但自己的刻苦钻研更不可少。'青出于蓝而胜于蓝'，我希望你将来能超过我。"

王僧虔的这一番话深深地触动了王慈，他感到十分羞愧，决心以后要好好学习书法，不辜负父亲的期望。后来王慈经过一番勤奋努力，终于继承家学，成为有名的书法家。

阅读启示：无论学习什么，不懂装懂、寻找捷径都是学者的大忌，只有脚踏实地、勤奋刻苦，才能有所成就。

【基础知识】

左偏旁写法

本课学习常见左偏旁中的月字旁、贝字旁、言字旁、三点水、金字旁、食字旁、女字旁、弓字旁、绞丝旁和朝字旁。

【基本技能】

12. 月字旁

（1）形窄长。

（2）左撇用竖撇，右钩不宜过长，撇与竖钩要正。

（3）内短横略靠上，下横略成斜势。

13. 贝字旁

（1）形窄长。

（2）左竖短，右竖长。

（3）底横左端出头，略成挑势。左下点为撇点且较长，右下点为斜点且稍短。

 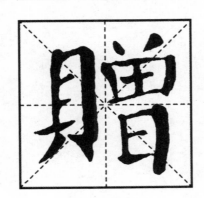 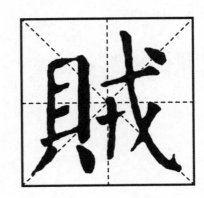

14. 言字旁

（1）横画缩短，形窄。

（2）上点用斜点，对准上横右端。

（3）三横长短不一，下两横要比上横短，口字上宽下窄。

15. 三点水

（1）上点偏右，中、下点偏左。

（2）上、中两点为斜点，中点靠上，下点为挑点。

（3）三点拉开，占位较长，三点之间相互呼应，同时挑点呼应右边单体。

  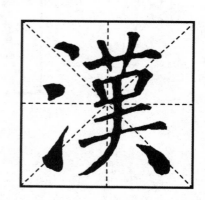

16. 金字旁

（1）左撇长，直而厚重，右捺变点。

（2）下部上横短，下横变挑，中竖与上撇头对正，左右基本对称。

（3）整体与右边单体相互呼应。

17. 食字旁

（1）形与金字旁相似，上宽下窄。

（2）上撇长，上捺变点。

（3）下部端正，左竖长而正直，挑画突出，捺变作点。

（4）整体一般占二分之一的空间。

18. 女字旁

（1）形较窄。

（2）横画左伸右缩，长撇与长点相交，交点与左撇首对正。

（3）以交点为界限，左宽右窄。

19. 弓字旁

（1）形窄长。

（2）上部笔画相对紧凑，弯钩伸展，钩头居中。

（3）两折要有变化，或上小下大，或上方下圆。

20. 绞丝旁

（1）形似窄长的三角形。

（2）两折与三点都要有变化，下中点居中，与首撇头对正。

（3）绞丝旁写得较窄，以便与右边单体互让。

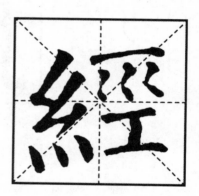

21. 朝字旁

（1）上窄下宽，两个"十"，上小下大。

（2）上下两竖对正，左右基本对称。

由此可见，以长竖为主的左偏旁，长竖上端向右倾斜，大多略为弯曲，中段向左凸，呈向左抱之势。在木字旁、禾字旁、金字旁等偏旁中，左撇宜直，略长，右捺变为点，以竖为中心，左宽右窄。在日字旁、月字旁、贝字旁等偏旁中，底横多成斜势或变成挑，与右面相呼应。女字旁、绞丝旁、弓字旁、三点水等偏旁中，要注意中心位置，一般来说，斜画的交点、斜钩的钩部都是中心位置。

【诗书人生】

送谔师赴王寺丞召写碑

北宋·魏野

才高吐凤欺黄绢，墨妙回鸾命碧云。

双美便堪传万古，羲之书法退之文。

赏阅：

谔师有吐凤之文才，所书堪比"黄绢幼妇"（即"绝妙好辞"，指作为文才高、诗词佳的赞语）的《曹娥碑》；笔墨精妙，犹如回鸾舞，能引天边碧云。谔师文章、书法双美，定可流传万古，就如王羲之的书法和韩愈（字退之）的文章。

魏野（960—1019），字仲先，号草堂居士，原为蜀地人，后迁居陕州（今河南陕县），北宋诗人。有《草堂集》《钜鹿东观集》。

【翰墨书香】

风神者，一须人品高，二须师法古，三须笔纸佳，四须险劲，五须高明，六须润泽，七须向背得宜，八须时出新意。

——南宋·姜夔《续书谱》

赏阅：

要使书法有文采神韵，第一要人品高尚，第二要师承高古，第三要笔纸精良，第四要峻拔有力，第五要笔法高明，第六要墨色有光泽，第七要向背得宜，第八要与时俱进、创出新意。

姜夔（约 1155—1209），字尧章，号白石道人，饶州鄱（pó）阳（今属江西省）人，南宋词人、音乐家。姜夔工诗，精通音律，有《白石道人诗集》《续书谱》等。

【乾坤通识】

柳体偏旁（下）

13. 走之旁

上点凌空取势，横折撇折上紧下松，托起上点，连接底捺。底捺厚重而平稳。如，"造"。

14. 建字旁

横折折撇的横部不宜过长，撇要收紧，下撇伸展。底捺要平，一波三折。如，"廷"。

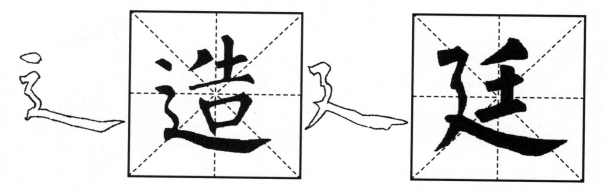

15. 尸字头

横画要长，以覆盖下部。撇画为竖撇，行笔舒展，力至笔端。如，"属"。

16. 广字头

与尸字头相同，横画要长，包围下部。上点凌空取势，撇画舒展有力，力至笔端。如，"廣（广）"。

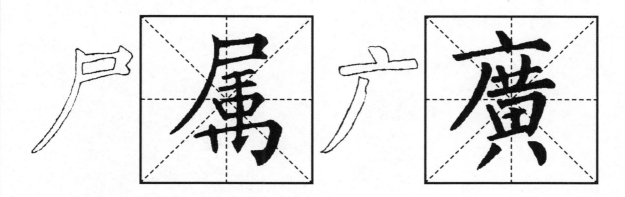

17. 气字头

上撇为短斜撇,上横从撇的中腹部起笔,不宜过长。横折弯钩的横部承上启下,宜稍长。弯钩弯曲度适宜,出钩有力。如,"氣(气)"。

18. 国字框

整体左低右高,四角平稳,内部空间大。左竖方笔起笔,笔画沉稳,横折起笔同为方笔,折部位圆笔。钩画含蓄有力,底横平稳。如,"固"。

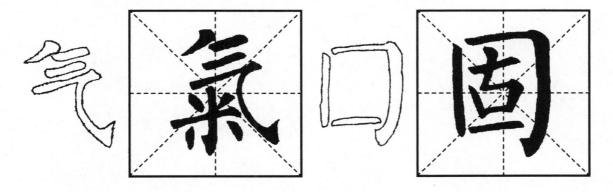

【知学思考】

1. 书写左偏旁时应注意哪些事项?

2. 如何才能达到"风神"的八个要素?

【知行合一】

1. 掌握本课常用左偏旁的书写要领,并练习书写相关汉字。

2. 与家人、朋友分享故事《王僧虔训子》和魏野的《送谔师赴王寺丞召写碑》,懂得凡事都要勤奋刻苦,切忌追求捷径或半途而废。

3*. 欣赏中国传世名帖之一《三希宝帖》的美学特征。

　　《三希宝帖》是现存最古老的法帖真迹，被历代奉为无上至宝，乾隆皇帝曾专门在他的起居之所养心殿西暖阁开辟专室"三希堂"奉藏这三件珍宝，《三希宝帖》因此得名。《三希宝帖》包括王羲之的《快雪时晴帖》、王献之的《中秋帖》和王珣（xún）的《伯远帖》。

　　（1）《快雪时晴帖》。纸本，行书，纵23厘米，横14.8厘米，该帖书法精美，久负盛誉。全帖仅28字，却"字势强雄，笔力飘逸，灿若游云，矫若惊龙"，可谓遒劲秀美，结体均匀，气势贯通，字字珠玑（jī），绝世罕见。现为台北故宫博物院十大国宝之一。

东晋·王羲之《快雪时晴帖》

　　（2）《中秋帖》。纸本，草书，纵27厘米，横11.9厘米，自明、清以后被认为是王献之的书法名作。其书法古拙肥厚，自然生动，有很高的艺术水平。这22字笔笔相连，血脉衔接，可见张芝草书的特点。现藏于故宫博物院。

东晋·王献之《中秋帖》

（3）《伯远帖》。纸本，行书，纵 25.1 厘米，横 17.2 厘米。这是一封信札，以楷法注入行书，结字严谨、缜密，字形大小参差，行气疏密适中，中锋用笔，转折处锋棱毕现，极为自然而又内含骨力。书势略向左方倾侧，险峻中极具潇洒之姿。墨色清润，纸质光洁，纸墨相映生辉，既具有王羲之的婉媚道逸，又具有险峻劲健的自家风貌。现藏于故宫博物院。

东晋·王珣《伯远帖》（局部）

第二十课 右偏旁写法（上）

屏风奇笔

虞世南，"初唐四大家"之一，能文辞，善书法，作品柔中带刚。相传，有一次，唐太宗李世民召来虞世南说："近日，朕已命人将大明宫的巨幅屏风装饰一新。你才思敏捷，书法精妙，尽快把一百零五名烈女的小传用工楷写在屏风之上。"唐太宗说完便拿出稿本，把这些烈女的主要事迹介绍给虞世南听。

虞世南听完圣意，来到大明宫，凭着惊人的记忆力，一边构思，一边挥毫，在屏风上写了起来。为了让脸部与屏面保持平行，他忽而站在凳子上，忽而弃凳蹲下，姿态稳健，笔法纯熟，只花了一昼夜的功夫便完成了任务。写完了屏风，他还是感觉意犹未尽，又把刚写的字仔细校阅了一遍，一字不误，一笔未改。唐太宗和大臣们观后连连称赞。

阅读启示：这个故事告诫我们，作书时要先将要书写的内容谙熟于心，胸有成竹，这样才能一气呵成，气势贯通。

【基础知识】

右偏旁写法

在左右结构的字中，右偏旁处于字的右边。此类部首，竖画宜长，横画相应较短。而且右偏旁上部多向左倾斜，有与左部相互呼应的态势。本课学习常见右偏旁中的立（利）刀旁、右耳旁、单耳旁、口字旁、月字旁、斤字旁、竖三撇和页字旁。

【基本技能】

1. 立（利）刀旁

（1）左竖短，要轻，偏上。

（2）竖钩粗壮劲挺，形长，上下顶天立地，一般占整体的三分之一。

2. 右耳旁

（1）耳钩上下分开，形大，两折应有变化。

（2）竖端正，多为悬针竖。在字中整体偏下，右钩收笔时应与左边单体互相呼应。

3. 单耳旁

（1）与右耳旁相似，在字中右方偏下。

（2）"卩"不大，圆笔外凸内收。

（3）竖画端正，收笔出锋悬针。

4. 口字旁

（1）形小，上宽下窄。

（2）两竖略微向内倾斜，左轻右重。

（3）折部方圆皆可。

5. 月字旁

（1）与月字相同，右旁端正，较宽大。

（2）右撇下部斜向左下，竖钩形长，与左边单体相呼应。

（3）月字旁一般占字的整体的二分之一至三分之一。

6. 斤字旁

（1）首撇较平，竖撇较弯，横画右展，竖画悬针垂露均可，形长。

（2）斤字旁一般比左边单体稍低，整体呈现左高右低之势。

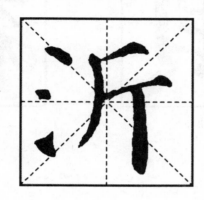

7. 竖三撇

（1）由三个短撇上下组成，三撇上下对正。

（2）撇头多用圆笔，下撇形大厚重，较平。

8. 页字旁

（1）两竖正直，左竖短，右竖较长。

（2）横画排列均匀，底横向左挑出。

（3）左下点用撇点，右下点用斜点。

（4）页字旁约占整体的二分之一。

【诗书人生】

赐萧瑀

唐·李世民

疾风知劲草，板荡识诚臣。

勇夫安识义，智者必怀仁。

赏阅：

在猛烈的风中才能看出什么样的草是坚韧的，在动荡局势里才能识别出哪些臣子是忠诚的。一勇之夫怎么懂得为国为民的真义，有见识、有智慧的人心中必然怀有忧国忧民的仁爱之情。

萧瑀，唐朝初年重臣，封宋国公。本诗语言浅显，寓意深刻，通过赞美忠臣萧瑀的官德人品，揭示了智、勇、仁、义之间的关系。"疾风知劲草，板荡识诚臣"，极富哲理，形象而深刻地说明，只有在严峻危急的关头，才能看出一个人真正的品质和节操。

李世民（598—649），即唐太宗，祖籍赵郡（今河北赵县），一说陇西狄（dí）道（今甘肃临洮），唐代政治家、军事家、书法家。他在唐朝的建立与统一过程中立下赫赫战功，公元 626 年称帝，开创了贞观之治。李世民爱好文学与书法，《全唐诗》录有其诗。

【翰墨书香】

态度者，书法之余也；骨格者，书法之祖也。

——南宋·赵孟坚《论书法》

赏阅：

外在的形态法度，是书法的次要部分；内在的骨力格调，才是书法的根本。

赵孟坚（1199—1264），字子固，号彝（yí）斋，嘉兴海盐（今属浙江省）人，南宋画家。存世作品有《墨兰图》《墨水仙图》《岁寒三友图》等，有《彝斋文编》。

【乾坤通识】

赵体偏旁（上）

1. 草字头

先写左竖和左提，然后再写撇和短横。竖和撇不宜过长，要注意遵循左收右放的原则。如，"落"。

2. 宝盖头

上点位于字的中心线上，横钩要平，竖点有时垂直。除个别字外，宝盖头要宽大，覆盖下部。如，"家"。

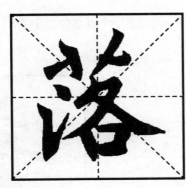

3. 春字头

先写三横，再写撇捺。三横的长短、形态、方向应有一定的变化，但是间距相等。撇画舒展，捺画厚重，整体较宽，以覆盖下部。如，"春"。

4. 木字底

横画方笔起笔，精瘦不失骨力，长且平稳。竖钩不宜过长，出钩要含蓄有力。撇捺缩为两点，相互呼应。如，"樂"。

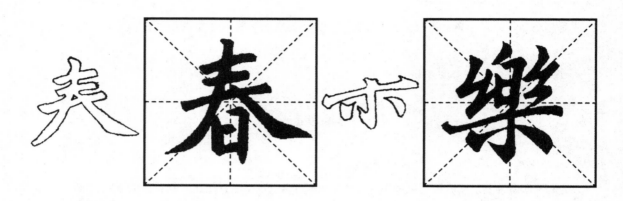

5. 皿字底

左竖向左倾斜，使总体上大下小。底横要长而平稳，托起上部笔画。如，"孟"。

6. 心字底

书写顺序为：左点，卧钩，中点，右点。左右两点可方可圆，中点要和右点呼应。卧钩重心平稳，出钩要有力。如，"意"。

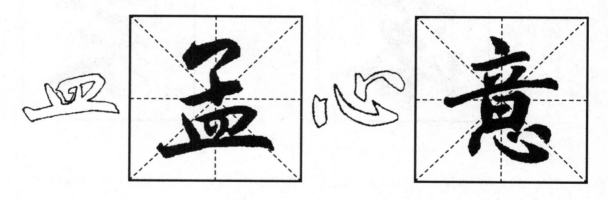

【知学思考】

1. 书写本课颜体的右偏旁应注意哪些事项？

2. 联系实际，谈谈你对"骨格者，书法之祖也"这句话的理解，和同学讨论怎样才能让自己的书法具有"骨力"。

【知行合一】

1. 掌握本课常用右偏旁的书写要领，并练习书写相关汉字。

2. 与家人、朋友分享故事《屏风奇笔》和李世民的《赐萧瑀》，感受"贞观之治"时期君臣和谐、书法盛行的人文气象。

3*.欣赏虞世南《孔子庙堂碑》，感受其书法的"圆融丰腴，外柔内刚"。

　　历代书写《孔子庙堂碑》的有数种，以虞世南所书最有名，因此单称《孔子庙堂碑》或《夫子庙堂碑》时，多指虞世南书写的碑文。此碑刻于唐武德九年（626），虞世南撰书，是初唐碑刻中的杰出之作，亦为历代金石学家和书法家公认之虞书妙品。

唐·虞世南《孔子庙堂碑》（局部）

第二十一课 右偏旁写法（下）

八分书

王次仲是秦代书法家，自幼聪明伶俐，志向高远，博览群书又善于独立思考。当时，人们普遍使用结构修长、间距均匀但是繁复难写的秦篆，不仅民间使用不便，官府的公文批复也十分缓慢，导致公文堆积如山。王次仲很想将繁难改得简易一些，就广泛搜集各种钟鼎器皿以及诏版文字，勾摹出来，把不同形体的相同文字排列在一起，反复比较琢磨。功夫不负有心人，经长时间的刻苦钻研，王次仲终于创制出一套笔带波磔的"八分书"，这便是楷书的雏形。

王次仲将这些文字上奏朝廷。秦始皇看见后，认为这种字体简便好用，十分欣赏他的才华，便征召他到京城做官，专门书写篇章和法令。但王次仲品性清高，不愿为官，三拒诏书，触怒了秦始皇。秦始皇认为他对自己大不敬，有欺君之罪，就派人用监车将他押送赴京，企图强迫其就范。王次仲不愿屈从于权贵，便乘狱吏不备，投河自尽。王次仲虽死，但是他所创造的八分书却风行起来，为我国汉字的发展作出了巨大贡献，因此备受后人称赞。

阅读启示：创造发明需要勤于观察思考、善于总结归纳和坚持刻苦钻研，还需要博览群书，以提高文化视野和触类旁通的思维力、想象力。

【基础知识】

右偏旁写法

本课学习的常见右偏旁，本身多作为独立汉字存在，同时可作为偏旁使用，包括隹（zhuī）字旁、力字旁、反文旁、见字旁、戈字旁、寸字旁和辛字旁。

【基本技能】

9. 隹字旁

（1）形窄长，左右靠紧。左竖长而下伸，回锋收笔。

（2）右竖厚重劲直，两竖靠拢。

（3）四横短，向上靠拢，但是四个横画要各有区别。

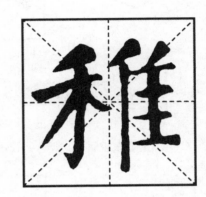

10. 力字旁

（1）撇画与钩画斜而微弯，钩头与撇首对正。

（2）一般占字的整体的二分之一，略短于左边单体，书写时注意重心稳定。

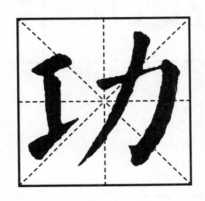

11. 反文旁

（1）上部撇短横画略长，下部撇轻捺重，捺画向右伸展，撇捺交点与上撇头对正。

（2）整体略短于左边单体。

12. 见字旁

（1）上窄下宽，在字的右方靠下。

（2）"目"的笔画方正、均匀，底横左出头，成挑势。

（3）下撇短而直，竖弯钩较重，横向右伸展。

13. 戈字旁

（1）形较窄，向左倾斜，撇画较短。

（2）斜钩上段较正，下端略斜，撇画与斜的交点与上点对正。

（3）一般占字的整体的三分之一。

14. 寸字旁

（1）上横短，竖宜长，直钩挺硬，出钩有力。

（2）与左边单体相呼应。

15. 辛字旁

（1）形窄长，几个横画平行。

（2）首点居中，中竖形正，向下伸展，与首点对正。

总之，以长竖为主的右偏旁，长竖尽力向下伸展，多为悬针。竖钩微弯，中部向右凸出，形成向左的抱势，如立（利）刀旁；右耳旁、斤字旁、页字旁、佳字旁、见字旁等部首中，竖画端正，笔画均匀。以斜、弯为主的部首中，注意撇捺交点以及斜钩钩部居偏旁的中心，用来稳定重心；撇画缩短，注意与左部的穿插关系，捺画伸展，粗壮有力，起到支撑的作用。

【诗书人生】

桃花溪

唐·张旭

隐隐飞桥隔野烟，石矶西畔问渔船：
桃花尽日随流水，洞在清溪何处边。

赏阅：

一座古老的石桥隔着云烟若隐若现，在岩石的西畔询问渔船上的人：桃花整日随水流淌，桃源洞口究竟在清溪的哪边？

本诗通过描写桃花溪幽美的景色和作者对渔人的询问，表达了对世外桃源的向往，对隐逸生活的追求，意境如画，趣味深远。

张旭（675—约750），字伯高，吴县（今江苏苏州）人，唐代书法家，官至左率府长史，人称张长史。他创造的狂草潇洒磊落，变幻莫测，被后人誉为"草圣"。有《草书心经》《肚痛帖》等书法作品传世。

【翰墨书香】

读书多，造道深，老练世故，遗落尘累，降去凡俗，翛然物外，下笔自高人一等矣。

——元·郝经《叙书》

赏阅：

读书多，见识自然广博，老练世故，摆脱世俗事物的牵缠，除去凡俗，不受外物的拘束，下笔写字自然高人一等。

郝经（1223—1275），字伯常，生于许州（今河南许昌）临颍城皋（gāo）镇，元初儒士，通字画，著述颇丰，收于《陵川集》中。

【乾坤通识】

赵体偏旁（中）

7. 竖心旁

两点可分可连。连写时向左下方入笔，顿笔折锋后迅速向右上提。竖画用垂露竖，提笔出锋。如，"情"。

8. 示字旁

上点要立起，横长撇短或横短撇长。竖为垂露竖，上端与上点对正。为避让右部，捺收缩为点。如，"禮（礼）"。

9. 言字旁

上点偏右立起。三横的上横稍长，覆盖下部，下两横长短、方向不一。"口"字不宜过大，但是要轮廓分明。如，"謂（谓）"。

10. 反文旁

撇不宜过长，斜撇和弯头撇均可。下撇要轻，但是不能飘浮。捺画要重，以稳定重心。如，"徽"。

11. 斤字旁

上撇必须用平撇，也可写为竖钩撇。竖画悬针竖垂露竖均可，但是必须垂直。如，"斯"。

12. 隹字旁

借鉴了行书的运笔方式，将笔画进行了连写或简写。上撇折笔出锋与左竖相连，省略上点，以右竖代替。如，"雕"。

【知学思考】

1. 本课颜体书写右偏旁应注意哪些事项？

2. 联系实际，谈谈你对"读书多，造道深，老练世故，遗落尘累，降去凡俗，翛然物外，下笔自高人一等矣"这句话的理解。

【知行合一】

1. 掌握本课颜体常用右偏旁的书写要领，并练习书写相关汉字。

2. 与家人、朋友分享故事《八分书》和张旭的《桃花溪》，了解"八分书"的特点，体会张旭笔下意境如画的世外桃源。

3*. 欣赏张旭《古诗四帖》，体会其"跌宕起伏、动静变幻"的书法特征。

　　《古诗四帖》是张旭的代表作品。该帖为墨迹本，五色笺（jiān），狂草书，共40行，188字。通篇笔画丰满有力，无纤弱之笔。全帖布局动静交错，跌宕起伏，满纸如云烟缭绕，堪称草书巅峰之作。

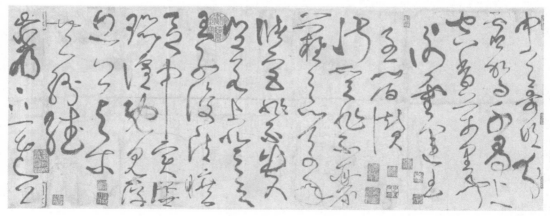

唐·张旭《古诗四帖》（局部）

166

第二十二课　包围部首

虞戈高妙

　　唐太宗李世民不仅是我国历史上一位杰出的帝王，还是第一位以行书写碑的书法家。他即使政务繁忙，也常常抽时间里潜心研习书法。

　　唐太宗经常与大臣虞世南、欧阳询、褚（chǔ）遂良等人切磋书艺。虞世南精通古今，文章书法均下笔如神，唐太宗也经常临摹虞世南的书法。在练习的过程中，他深切意识到虞世南字体中"戈"字的神采很难写出。

　　有一次，唐太宗练习"戬（jiǎn）"字，故意将"戈"字空着不写，私下让虞世南补全。随后他让丞相魏徵观看，并说："你看朕的字是否像虞世南的字？"魏徵毕恭毕敬地看了一遍，始终笑而不语。唐太宗问："是像还是不像？"魏徵说："臣不敢妄加评论陛下的书法。"唐太宗说道："你向来直言不讳，今日为何不说了？"在唐太宗的一再催促下，魏徵说道："据臣看，只有'戬'字右半边的'戈'旁最似，其余的相去甚远。"唐太宗听后，感叹不已，不仅佩服魏徵的火眼金睛，也明白了自己的书法与虞世南的差距。此后，唐太宗在政事之余更加勤奋刻苦练字，终成大唐帝王第一书家。

　　阅读启示： 这则故事告诉我们，不论是学习书法还是其他技能都不能有半点虚假，要想学有所成，必须痛下苦功。

【基础知识】

包围部首的写法

　　包围部首在字的外围，大体上分半包围和全包围两种形式，其中，半包围又分为两面包围和三面包围。包围部首应注意与字中的其余部分（即内包部分）相适应，大小、位置要相互协调。

　　在厂字头、广字头和尸字头中，横画较短，撇画较长，向下伸展，微微弯曲，但是长撇不能超过内包部分的底部笔画；虎字头撇画则宜短宜直；走之底撇画要长、后段要平，向上托住内包的部分。

【基本技能】

1. 厂字头

（1）横画较短，末端圆笔收笔，较重。

（2）撇画在横首下端起笔，长而下垂，斜度不大。

2. 广字头

（1）形状以及写法与厂字头类似，上点为右向圆点，居中较重。

（2）撇画同样弯度、斜度不大。

3. 尸字头

（1）横、竖皆短，折部突出，方笔圆笔皆可，两横画写法不同。

（2）长撇起笔与横画可连可断。

4. 弋字头

（1）横画左端较长，斜钩斜度较大，向上出钩。

（2）点在横尾上方，形圆，较大。

5. 虎字头

（1）笔画均匀紧凑，撇画短，上竖与"七"对正。

（2）盧（卢）字头中，"七"写成"土"，与首竖相连。

6. 走之底

（1）左边两点以及两折要有一定变化。

（2）捺画应长，前段略斜，后段较平，能包容上边的单体。

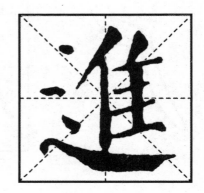

7. 门字框

（1）外形方正，略长。

（2）左右同形反向，左小右大，左下横变为挑。两竖略向外凸出，左短右长。

（3）两边大小宽窄既要协调，又要有一定的变化。

8. 几字框

（1）上宽下窄，主体偏左，斜钩向右延伸。

（2）左右中段微向内凹，内空较窄。

9. 戌字框

（1）与弋字旁类似，上宽下窄。

（2）位置与几字旁相似。

【诗书人生】

醉翁亭记（节选）

北宋·欧阳修

若夫日出而林霏^{fēi}开，云归而岩穴暝^{míng}，晦明变化者，山间之朝暮也。野芳发而幽香，佳木秀而繁阴，风霜高洁，水落而石出者，山间之四时也。朝而往，暮而归，四时之景不同，而乐亦无穷也。

赏阅：

太阳出来的时候，树林中的雾气消散，云雾聚拢来，山谷就昏暗了，这明暗变化的景象，是山中早晚时间交替产生的。野花开放散发出清幽的香气，良好的树木枝叶繁茂，形成一片浓郁的绿阴，秋高气爽，霜色洁白，水位低落，石头显露，这是山中四季的景色。早晨上山，傍晚返回，四季的景色不同，而快乐也是无穷无尽的。

《醉翁亭记》是欧阳修创作的一篇散文佳作，诗情画意，格调清丽。本文节选部分主要描写了山间早晨、傍晚以及四季的不同景色，抒发了作者陶醉于山水之中的怡然自得之情。

【翰墨书香】

书法以用笔为上，而结字亦须用工。盖结字因时相传，用笔千古不易。右军字势古法一变，其雄秀之气出于天然，故古今以为师法。

——元·赵孟頫《兰亭序十三跋》

赏阅：

　　书法以用笔最为重要，而同时也要在结字上用功。虽然结字可以随着时代的变化而有所改变，但用笔却万变不离其宗。王羲之的字势在古法的基础上，创作出雄秀俊美、自然天成的气象，所以他的《兰亭序》成为古今学习书法的准则和范本。

【乾坤通识】

赵体偏旁（下）

13. 走之旁

上点凌空取势，横折撇折可用行书方法写成点，出锋与底捺相连。底捺厚重而平稳。如，"過（过）"。

14. 走字底

横画方笔起笔，宜厚重，竖画较短，下横要瘦而不失骨力。下部改为点和撇，底捺厚重平稳。如，"趙（赵）"。

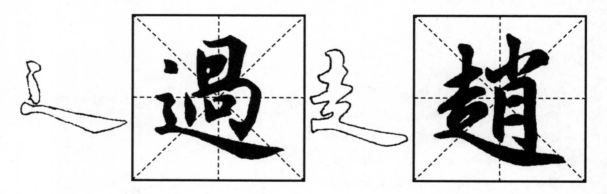

15. 尸字头

横画要长，以覆盖下部。撇画为竖撇，行笔舒展，力至笔端。如，"履"。

16. 广字头

上点在字的中间，横画与上点相连。竖撇不要与横相连。如，"應（应）"。

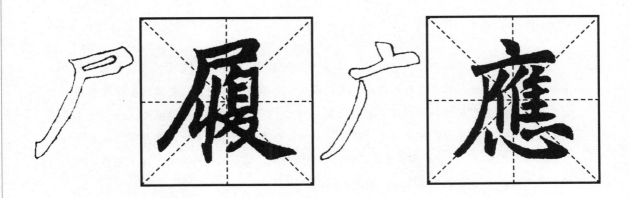

17. 病字头

上点位于字的中垂线上，横画宜长。撇画可长撇舒展，也可写成回锋撇。边上两点重心上提。如，"疾"。

18. 国字框

外框平正，轮廓分明。不能全部封闭，要留空以通气。如，"固"。

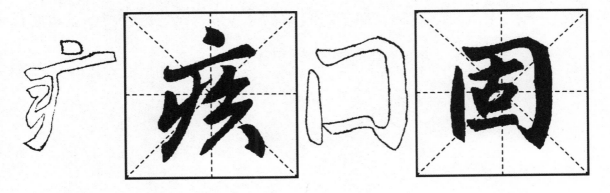

【知学思考】

1. 书写包围部首应注意哪些事项？

2. 你是怎样理解"盖结字因时相传，用笔千古不易"这句话的？

【知行合一】

1. 掌握本课颜体包围部首的书写要领，并练习书写相关汉字。

2. 与家人、朋友分享故事《虞戈高妙》和欧阳修的《醉翁亭记》（节选），感受山林间早晚四时变化的自然之趣。

3*. 欣赏王羲之《兰亭序》，思考：为什么《兰亭序》被誉为"天下第一行书"，却在我国十大名帖中位列第二？

　　《兰亭序》全文共 28 行，324 字。通篇遒媚飘逸，字势纵横，变化无穷，如有神助，充分体现出行书点画相应、形态多姿、起伏多变、节奏感强等特点，在章法、结构和用笔上都达到行书艺术的高峰，被誉为"天下第一行书"。唐太宗赞叹它"点曳（yè）之工，裁成之妙"。黄庭坚称赞曰："《兰亭序》草，王右军平生得意书也，反复观之，略无一字一笔不可人意。"历代书学名家无不学习效仿王羲之。清代虽以碑学打破了帖学的范围，但王羲之的书圣地位仍未动摇。

东晋·王羲之《兰亭序》（局部）

本单元教学建议

◎**教学目标**

1. 了解并初步掌握各类偏旁部首的书写要领以及注意事项。

2. 能够独立书写本单元安排的颜体笔画及相关汉字。

3. 了解《山谷从谏》《怀帖过江》《王僧虔训子》等历史典故，明白学习书法要博采众家之长，切忌固步自封。

4. 在学习知识、练习汉字的过程中，体会汉字以及书法艺术的美妙。

◎**教学重点**

掌握各类偏旁部首的书写要领以及部首在整个字中的位置、比例关系。

◎**教学难点**

在掌握各类偏旁部首书写要领的基础上，能够举一反三，书写包含这些部首的课本外的汉字。

◎**广览博学**

1. 搜索、阅读米芾的《海岳名言》。

2. 搜索、阅读姜夔的《续书谱》。

3. 搜索、欣赏黄庭坚的书法作品《松风阁诗帖》。

4. 搜索、欣赏宋徽宗赵佶瘦金体作品《千字文》。

5. 搜索、欣赏陆游的书法作品《怀成都十韵诗卷》。

6. 搜索、欣赏十大传世名帖之一《三希宝帖》。

7. 搜索、欣赏张旭的书法作品《古诗四帖》。

8. 搜索、欣赏十大传世名帖之二《兰亭序》。

第四单元

汉字结构

本单元概述

    本单元安排的教学内容和教学目标是：引导学员掌握独体字结构、上下结构、左右结构和包围结构等汉字结构的相关知识；通过学习《御史雨》《题扇桥与躲婆石》等历史典故，懂得做人要乐善好施的道理；通过赏阅《兰亭题咏》《临池歌》等古诗，在了解优秀书法家和书法作品的同时，明白学好书法要持之以恒的道理；通过理解《春雨杂述》《墨池琐录》等书论中的名句，了解并掌握学好书法的诀窍。

第二十三课　独体字结构法

【历史典故】

御史雨

　　唐代开元年间，颜真卿书法学成后，告别张旭，回到长安出任监察御史。有一次，颜真卿出使五原等地，发现一桩冤案，虽然当事人及其亲属一再向官府申述冤情，但是案件一直未能解决。

　　说来也怪，自从五原出了这桩冤案，天就一直大旱，水井干涸，小溪断流，庄稼枯萎，百姓苦不堪言。颜真卿到任后，经过一番明查暗访，终于弄清案情真相，解救了蒙冤受屈之人，并惩治了失职的官员。他为民伸冤的行为大快人心，五原的百姓们都说："颜御史真是为百姓做主的好官啊！"

　　据说，就在颜真卿为蒙冤之人平反那天，大旱已久的五原区域突然下起了大雨，老百姓四处宣扬："准是冤情惹怒了上天才给五原带来旱灾，如今颜御史为民伸冤，感动了老天爷，才有这场大雨呀！"因此，老百姓就将这场雨称为"御史雨"。

　　阅读启示： 这则被记录在《太平广记》中的故事，表明天人合一、天人感应的观念在古代深得人心。故事还从一个侧面表明书品和人品密切相关，颜真卿不仅是一位书法大家，同时是一名光明磊落、廉政为民的好官。

【基础知识】

独体字结构法

　　独体字是指汉字的一个字只有单个的形体，不是由两个或两个以上的形体组成的，这种字大都是一些简单的象形字和表意字。这类字是从图画演变而来的，所以每一个字都是一个整体，如日、月、山、水、牛、羊、犬、隹、人、止、子、戈、矢等都是独体的象形字；如天、立、上、下、一、二、三、四、企、见、卧等都是独体的表意字。独体字在现今使用的汉字里所占的比例很小，大多数的汉字是由两个或两个以上的单体组成的合体字。但独体字的地位十分重要，它们不仅作为一个独立的字从古使用至今，而且绝大部分同时又是合体字的构成部件，作为偏旁构成合体字，构字能力极强，这使得独体字成为了汉字系统的核心。想要写好独体字，关键在于笔画要搭配合理，疏密匀称，自然而不生硬。笔画之间要相互照应，以保证字形的重心平衡。

【基本技能】

独体字写法

1. 横平

字中的横画，尤其是长横，要平平稳稳，但是"平"不是水平，横画在书写时一般仍然要左端略低，右端略高，字才能显得平稳。

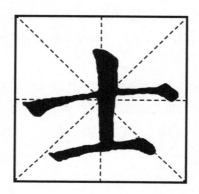 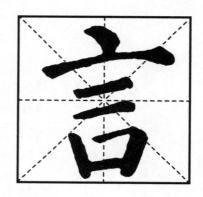

2. 竖正

竖正，主要是指字中的长竖和中间的短竖要写得端正，而左右两端的短竖一般向内略微倾斜。

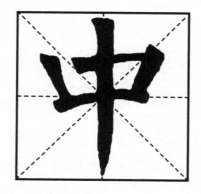 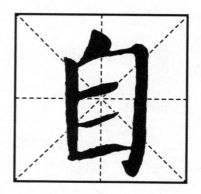

3. 弯正

在独体字中，不仅竖画要正，竖弯、弯钩也要写正。想要弯钩写得端正，就要做到首尾上下对正，这样字的左右也可以达到平衡的效果。

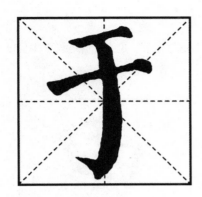
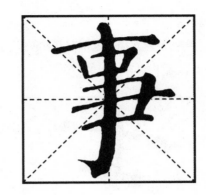

4. 斜正

斜画包括撇、捺、点、挑、斜钩等，当斜画在字中相交时，交点要居中。当斜钩作为字的支撑时，钩部要居中，字才会显得平稳。

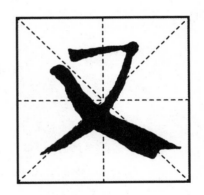

5. 间隔均匀

在一个字中，笔画之间的间隔距离要基本相等，不能有过于拥挤或过于松散的部分，这样字才能均匀，如"馬（马）"。当一个字中以斜向笔画为主时，要注意笔画之间形成的空白，空白大小相等时，间隔距离才是均匀的，如"爲（为）"。

6. 左右对称

在一个字中，左右对应的笔画形状相同、相似，对应笔画的长短、位置、倾斜与弯曲程度都要相等，这样字的左右才能平衡。

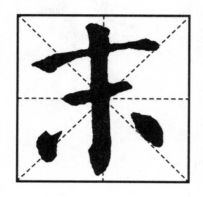

【诗书人生】

咏花诗·梅花

明·文徵明

林下仙姿缟袂轻，水边高韵玉盈盈。

细香撩鬓风无赖，瘦影涵窗月有情。

梦断罗浮春信远，雪消姑射晓寒清。

飘零自避芳菲节，不为高楼笛里声。

赏阅：

山林下的梅花姿色如仙女白色的裙袂轻轻飘起，清水边的梅花高洁的韵味如水盈盈欲滴的白玉。带着细细清香的微风缓缓撩起我两鬓的发丝，怀有人情的月光将梅枝清瘦的影子送进客栈的窗前。罗浮山的残梦无法将远方春的音信传递过来，那传说中的姑射山上的积雪已经消融了吧，而这里的清晨依然寒意袭人。漂泊在远方

的游子不敢流连在百花芳菲的季节里，也不敢因迷恋高楼上传来的情思缠绵的笛声而停止前行。

文徵明（1470—1559），初名璧，字徵明，后以字行，号衡山居士，长洲（今江苏苏州）人，明代画家、书法家、文学家，曾任翰林院待诏。他诗、文、书、画无一不精，人称"四

绝"，与沈周、唐伯虎、仇英合称"明四家"，与祝允明、唐寅、徐祯（zhēn）卿并称"吴中四才子"。有《甫田集》等。

【翰墨书香】

赵松雪书，笔既流利，学亦渊深。观其书，得心应手，会意成文。楷法深得《洛神赋》而揽其标；行书诣《圣教序》而入其室；至于草书，饱《十七帖》而变其形。可谓书之兼学力、天资，精奥神化而不可及矣。

——元·虞集《道园学古录》

赏阅：

赵孟頫的书法，用笔流利，学识渊博。观看他的书法，可以说是得心应手，会意成文。楷书之法深得《洛神赋》而取其格调；行书契合《圣教序》的神韵而能入其室；至于草书，充分吸收了《十七帖》的精髓而改变了形态。可以说他的书法兼具了学力与天资，精微奥妙、传神变化，不可企及。

虞集（1272—1348），字伯生，号道园，祖籍仁寿（今属四川省），元代文学家，曾任翰林直学士兼国子祭酒。有《道园学古录》。

【乾坤通识】

欧体间架结构与布势（一）

相传，《结构三十六法》为欧阳询所作，备述楷书间架结构各法；也有种说法是，后人根据欧阳询的结字特点，总结出了欧体的结字三十六法。

1. 排叠

笔画排列要疏密均匀，长短合度，参差错落，变化有致，还要根据不同字形做出变化，如"喜"。

2. 避就

避密就疏，避险就易，避远就近，笔画彼此映衬，连带得宜，如"案"。

3. 顶戴

笔画大多以下承上，也有主体笔画在上部的字。上下要平稳规正，不能上轻下重，也不能上重下轻。如，"尋（寻）"。

4. 穿插

笔画交错的字，要穿宽插虚，使得疏密均匀，大小、长短适宜，平衡稳定，如"萬"。

5. 向背

左右相迎的字要相互避让，互不妨碍；左右相背的字要互相关照，气脉贯通。

6. 偏侧

　　"正者偏之"，也就是笔画平正的字要稍微倾斜；"偏者正之"，意为笔画较侧的字要把握中心，斜中取正。

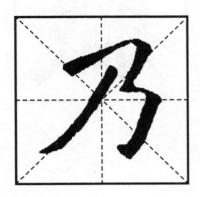 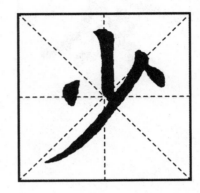

7. 挑撅

字要方正饱满，空虚之处要加以充实，整体要丰满匀称，如"武"。

8. 相让

笔画左重右轻的时候，要左高右低；左轻右重的时候，要右高左低。总之就是彼此相让，以求平衡，如"曠（旷）"。

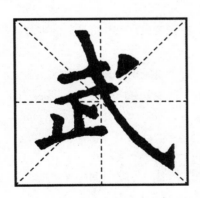 

9. 补空

想要字写得方正饱满，要用点画填补结构上的空处，使字形匀称平衡，如"紫""軄（职）"。

【知学思考】

1. 书写本课颜体独体字应注意哪些事项？

2. 你认为用笔方法和学识有怎样的关系？

【知行合一】

1. 掌握本课颜体独体字书写要领，并练习书写相关汉字。

2. 与家人、朋友分享故事《御史雨》和文徵明的《咏花诗·梅花》，学习颜真卿字如其人、刚正不阿的品质，领会文徵明诗中的意境和心境。

3*. 欣赏文徵明《杂花诗卷》，感受其"纵笔挥洒，温润老成，风神秀劲"的书法风格。

　　《文徵明杂花诗卷》书于明嘉靖三十七年（1558），文徵明时年89岁。纸本，纵26.6厘米，横390厘米。行草书录其旧作咏花诗七律十二首，风格秀劲婉丽，行体苍润，全卷无一懈笔，可谓其晚年代表作品之一。现藏于上海博物馆。

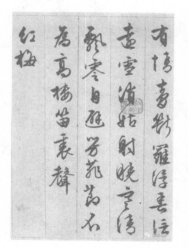 

明·文徵明《杂花诗卷》

第二十四课 上下结构法

【历史典故】

【历史典故】

一字千金

西安碑林内有块《大唐三藏圣教序碑》，是件隔代合写一碑的奇事：晋代大书法家王羲之竟然写了200年后的唐朝文章！经行家检验，此碑每个字都出于王羲之的手笔，碑文内容也确是唐太宗为玄奘（zàng）撰写的《圣教序》。

究其原因是如此的：这座《大唐三藏圣教序碑》，是唐僧玄奘从印度取回的佛经，由他精心译成后，请唐太宗作序文，再加上太子李治作述记及玄奘的谢表，通称《三藏圣教序碑》。此碑立于唐高宗咸亨三年（672），唐高宗提出要用王羲之的字体来刻碑。长安洪福寺高僧怀仁认为，这是佛教界的光荣，就主动请缨承担此任。经过怀仁和尚千辛万苦到处寻觅，终于按序文把王羲之的字，一个一个地搜集拼凑起来，成了这块王羲之字体的《圣教序碑》。

传说，怀仁在集字过程中，有几个字怎么也找不到，不得已奏请朝廷贴出告示，谁献出碑文中急需的一个字，赏一千金。这就成了文坛上"一字千金"的佳话。后人把此碑的拓本称作《千金帖》。

阅读启示：书法艺术是十分珍贵的，是我们中华民族的瑰宝，对于优秀的书法作品，我们要怀有敬畏之心，珍惜、爱护这些弥足珍贵的墨宝。

【基础知识】

上下结构法

由上下两个或两个以上的部分纵向组成的字，这种结构形式叫上下结构。多个部分上下组合的字，叫上中下结构。

上下结构的字，要在平正、匀称的基础上，各部分上下靠紧并且中心是上下对正的。字的中点、中竖、撇捺的交点就是字的中心位置。上下各部分的大小长短比例与各部分的笔画多少有关。横多则长，竖多则宽；有长竖的要长，有长横或撇捺、钩的部分要宽。笔画的长短以及占位的大小要以匀称为原则。

【基本技能】

上下结构字的写法

1. 上下对正

上下或上中下的各部分中心应该对正。如"晋"字的两个"厶"的中间部分与"日"的两竖对正；"家"的头顶点与弯钩的位置对正。

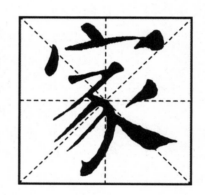

2. 左右对称

在上下结构的字中，若左右同形，则不仅要做到上下对正，还要做到左右对称。如"奉"字以中竖为中心，撇与捺的长度与斜度都是一致的。

3. 上盖下

带有人字头、宝盖头的字，多数上宽下窄，字底完全被字头盖住。如"金"字要适当缩短底横，"官"字底部较窄，完全在字头下。

 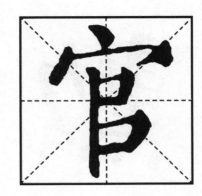

4. 下托上

字底有长横、撇捺的字大多上窄下宽，字底要稳稳托住字头。

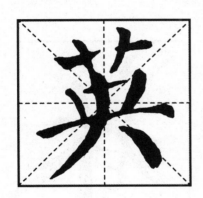 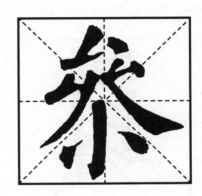

5. 上短下长

带有草字头、四字头、日字头的字，上部要短，下部所占的位置要相对较大。

6. 上长下短

带有四点底、皿字底等部首的字，上长下短，也就是下部所占的位置较小。

7. 上中下宽窄

为了避免字过于呆板，一个字的上中下各部分应当宽窄不一。如"贞（贞）"字底部较宽；"暮"字中部的撇捺左右伸展，因此中部较宽。

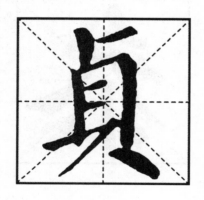

8. 上下分合

上下结构的字中，由左右两部分合成的部分应当相互靠拢，合成一个整体。如，"命"字的下部左右分开；"慈"字的上部左右分开；"苏（苏）"字笔画较多，上下部分都是由左右两部合成，左右向中间靠拢；"察"字则是中部的左右分开，向上靠拢，底部的"示"同样向上靠拢。

【诗书人生】

梅花咏（节选）

明·祝允明

雪月孤山夜，扁舟载鹤来。

暗香吹不散，一树玉花开。

遥闻暗淡香，近见翠微色。

为有惜花心，楼中暮吹笛。

赏阅：

在一个雪后的月夜，杭州西湖孤山附近的水面上，宛若一叶扁舟上站着林逋和一群仙鹤缓缓归来。当年和靖先生亲手栽种的梅花的暗香没有被风吹散，树枝上绽放着一枚枚玉一样的花朵。在遥远的地方就闻到孤山梅花的香气，近处可见梅枝上微微的翠绿色。大概是怜惜这雪中的梅朵吧，远处暮色中的楼台上传来《梅花引》幽婉的笛声。

这首诗写的是杭州西湖孤山月夜的景色。作者采用细腻的笔调，通过对林和靖的缅怀以及对梅花清丽的外表和高洁香气的描写，反映了作者渴望自由，追求隐逸生活境界和找寻人生真正归宿的愿望。

祝允明（1460—1527），字希哲，号枝山，长洲（今江苏苏州）人，明代文学家、书法家，曾任应天府通判，"吴中四才子"之一。有《怀星堂集》等。

【翰墨书香】

学书之法，非口传心授不得其精。大要须临古人墨迹，布置间架，捏破管，书破纸，方有功夫。

——明·解缙《春雨杂述》

赏阅：

学习书法的方法，如果不是师徒口耳相传、内心领悟，是不能达到精妙的。想要懂得其中的关键，必须要临摹古人的书法，布置字的结构，捏破笔管，书透纸背，才能显出功夫。

解缙（1369—1415），字大绅，号春雨，吉水（今属江西省）人，明代书法家，曾任翰林学士、内阁首辅。有《解学士集》。

【乾坤通识】

欧体间架结构与布势（二）

10. 覆盖

一些字头要写得宽些，能够包容、覆盖下部，如"雪"。

11. 贴零

点画零碎的字，要贴紧有序，避免杂乱无章，如"今"。

12. 粘合

组成部分相互分离的字，要使其粘合联结，使得各部分彼此关联，互相照应，如"春"。

13. 捷速

有一类字，两边的笔画要写得迅疾有力，如"風"。

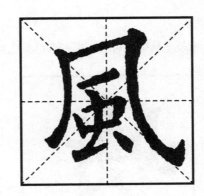

14. 满而不虚

周围有边框包围的字，中间不能虚缺，紧凑而不能散漫，如"聞（闻）"。

15. 意连

点画距离较远的字，笔意和笔势仍要呼应贯通，如"必"。

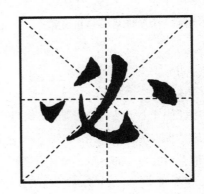

16. 覆冒

上大下小的字，上部要宽大伸展，覆盖下部，如"金"。

17. 垂曳

个别字竖画作为末笔时，要向下引申；捺画作为末笔时，要向右引申。如，"定"。

18. 借换

可以使用改变笔画组合、互换偏旁部首位置等方式，书写结体较难的字，如"峻""鹿"。

【知学思考】

1. 书写本课颜体上下结构的字应注意哪些事项？

2. 联系实际，谈谈你对"口传心授"中"心授"二字的理解。

【知行合一】

1. 掌握本课颜体上下结构书写要领，并练习书写相关汉字。

2. 与家人、朋友分享故事《一字千金》和祝允明的《梅花咏》（节选），要对优秀的书法作品心怀崇敬之情，对大自然的一草一木怀有爱怜之心。

3*. 欣赏祝允明《梅花咏手卷》，体会其"飘然无羁、千姿百态、苍劲老辣"的书法特征。

　　《梅花咏手卷》以中锋笔法奠定浑劲基调，收则急敛锋芒，放则飘然无羁，一气呵成而笔意不息。其体势千姿百态秀美多变，其墨色浓而不滞，时用渴笔增添苍劲老辣的意味。现藏于台湾陈氏文物馆。

明·祝允明《梅花咏手卷》

【历史典故】

钟繇迷字

　　钟繇，字元常，是三国曹魏时的书法家。他的书法"点画之间，多有异趣"，开创了由隶入楷的新体，对我国书法发展做出了巨大的贡献。他自幼聪明好学，在十一二岁时就不畏艰辛，跟着书法前辈刘德升到山东南部的抱犊（dú）山临摹秦汉摩崖石刻。

　　有一次，钟繇在韦诞家中看到一卷蔡邕的书法理论著作《九势八字诀》，想要借回家中仔细观摩学习，但韦诞出于对《九势八字诀》的珍爱，只同意钟繇在他家中翻阅，不肯让他携带出门。在韦诞过世后，知情者暗地掘开他的坟墓，得到了这卷墨宝。钟繇便用重金将它买下，终日拿在手中，连上厕所时也不例外。有几次他去厕所，因揣摩书中的间架结构入迷，半天没有出来，急得家人到处寻找。正是这样不分昼夜地思考钻研、勤学苦练，终于成为一位书法大家，被称为"正书之祖"。

　　阅读启示：学习书法没有捷径，只有专心致志、勤学苦练。尽管古人的书法水平对于我们而言有着难以企及的高度，但是只要学习他们的书写技巧和刻苦精神，终将会有自己的一番成就。

【基础知识】

左右结构法

　　由左右两个或两个以上部分横向组成的字，这种结构形式叫左右结构。其中由多个部分组成的字，结构形式叫左中右结构。

　　左右结构的字，在平正、匀称的基础上，左右各部要向中部靠拢，在互相靠拢时，要注意笔画之间的穿插挪让，左右笔画不能连成一笔。左右各部的大小比例，与笔画的多少、长短有关。笔画多的占位大，笔画少的占位小。左右长度相等时，两边上下平齐，方正整齐；左右长度不相等时，多为左高右低，中部较短时一般靠上。在颜体字中，也有少数右短偏上的，如"弘"字，但这是为了稳中求险，在均匀中求变化，这种变化在书写中要十分慎重。

【基本技能】

左右结构字的写法

1. 左右穿插

　　在左右结构的字中，两部分之间笔画过多造成拥挤发生冲突时，要各自上下移位，互相插入对方的空隙，才可以保证笔画匀称。

2. 互相挪让

　　当一个字局部笔画繁多时，次要的笔画要适当缩短、变形、减轻或移动位置让给其余笔画，尤其是主笔。

 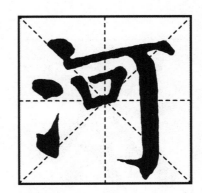

3. 左分

如果左部是由上下几个部分组成时，左部要先上下靠紧，形成一个整体，然后再与右旁组合。

4. 右分

与左分类似，如果右部由上下几部分组成时，右部要先上下靠紧、对正，形成一个整体。但是右部一般占的位置比较大，要端正稳定。

5. 左右（左中右）等高

左右或者左中右的字，各部的高度要相等，字形多为方形，但是在书写时为了避免呆板，也应注意笔画的变化。

6. 左短靠上

左偏旁短小的字，左短右长，左部靠上，上下不平齐，右部要端正。

7. 右短靠下

右偏旁短小的字，左长右短，右部靠下，下齐但上不平，右上要空。

8. 左上右下

左偏旁短小或右偏旁短小的字，如果左右结构相同，左部要短而靠上，右部要短而靠下，不可以硬性把字拉成正方形。

9. 中短靠上

左中右结构的字中，中间较短的，要与左右较长的部分平齐，下面留空。

10. 左宽右窄

字中的竖向笔画左多右少时，左宽右窄，左部要端正、匀称；右部长竖或竖钩劲挺，向下伸展并向左靠拢。

11. 左窄右宽

与左宽右窄相反，带有单人旁、竖心旁、提手旁、三点水等部首的字，左窄右宽，右部为主，要注意端正、稳定。

【诗书人生】

临池歌（节选）
南宋·刘子翚

君不见钟繇学书夜不眠，以指画字衣皆穿？

当时尺牍来邺下，锦标玉轴争流传。

又不见鲁公得法屋漏雨，意象咄咄凌千古？

断碑零落翠苔封，直气英风犹可睹。

赏阅：

你难道没看见，钟繇学习书法彻夜不眠，用手画字衣服和被子都被穿透？当时的书迹传到邺下，锦标玉轴竞相流传。难道你不曾看见颜真卿得到了屋漏痕的妙法，书法风韵超逸凌越千古？即便碑刻残破零落，上覆青苔，正气高风依旧可见。

作者以钟繇和颜真卿为例，告诫、鼓励后人只有勤学苦练，才能学有所成。

刘子翚（1101—1147），字彦冲，一作彦仲，号屏山，建州崇安（今属福建省）人，南宋学者、诗人。有《屏山集》。

【翰墨书香】

书法惟风韵难及……可以精神解领，不可以言语求觅也。

——明·杨慎《墨池琐录》

赏阅：

书法只有风采神韵是很难企及的……风韵可以在精神上理解领悟，不能用言语寻求到的。

杨慎（1488—1559），字用修，号升庵（ān），新都（今成都市新都区）人，明代文学家，曾任翰林院修撰，"明代三才子"之首，著作达四百余种，后人辑为《升庵集》。

【乾坤通识】

欧体间架结构与布势（三）

19. 增减

可以用增减笔画的方法，使字的形体更加优美，但是要注意现有的文字规范，如"暎（映）"。

20. 应副

笔画稀疏或繁密的字，要注意笔画间的联系和照应，如"無（无）"。

21. 撑拄

下部竖画撑起上部的字，竖画要强劲有力，如"事"。

22. 朝揖

合体字中，各部要相互照应，朝揖迎让，如"陽（阳）"。

23. 救应

意在笔先，即下笔时要考虑下一笔如何接应，胸有成竹方可落笔，如"歌"。

24. 附离

由多个部分组成的字，要依附贴近，不能疏离，如"起"。

25. 回抱

钩画要向左或向右成回抱之势，宽紧适当，如"冠"。

26. 包裹

包围结构的字，外框不宜过大，内部要端方流利，如"同"。

 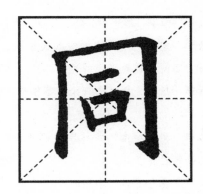

27. 却好

却好是恰好、正好的意思，字的结构要匀称妥帖，恰到好处，如"詢（询）""遠"。

【知学思考】

1. 书写本课颜体左右结构时应注意哪些事项？
2. 联系实际，谈谈你对"书法惟风韵难及"这句话的理解。

【知行合一】

1. 掌握本课颜体左右结构书写要领，并练习书写相关汉字。

2. 与家人、朋友分享故事《钟繇迷字》和刘子翚的《临池歌》（节选），感受古人对书法钟爱、痴迷、一生不了的情结。

3*. 了解"汉字六书"，从以前学过的或者现在已经会写的字中找出和六书相对应的字，并说一说这些字是怎样体现六书的。

　　六书，即汉字的六种构造条例，指后人根据汉字形成规律所作的整理，但并非造字法则。包括象形、指事、形声、会意、转注、假借，其中前四种主要是造字法，而后两种是用字法。

　　象形　象形是用文字的线条或笔画，把要表达物体的外形特征具体地勾画出来，是来自图画文字的一种最原始的造字方法。例如，"月"字就取自一弯明月的形状。

　　指事　指事是指字含有绘画等较抽象的东西。例如，"刃"字是在"刀"的锋利处加上一点，以作标示。

　　形声　形声字由形旁和声旁两部分组成，形旁是指示字的意思或类属，声旁则表示字的相同或相近发音。例如，"樱"字，形旁是"木"，表示它是一种树木；声旁是"婴"，表示它的发音与"婴"字相同。

　　会意　会意字由两个或多个独体字组成，以所组成的字形或字义，合并起来表达此字的意思。例如，"酒"字，以液体"水"和酿酒的瓦瓶"酉（yǒu）"合起来。

　　转注　转注是指不同地区因为发音有不同，以及地域上的隔阂（hé），对同样的事物会有不同的称呼。例如，"考""老"二字，本义都是长者。

　　假借　假借是同音替代，口语里有的词没有相应的文字对应，于是就找一个和它发音相同的同音字来表示它的含义。例如，"自"本来是"鼻"的象形字，后来用作自己的"自"。

【历史典故】

题扇桥与躲婆石

一天傍晚，王羲之在绍兴城里的一座石桥上散步，走到桥头的时候，看见一个老婆婆愁眉苦脸地提着一篮子竹扇站在桥头叫卖。王羲之见无人买老婆婆的扇子，十分同情，便上前询问缘由。老婆婆说："天气突然降温了，扇子卖不出去，连吃饭都成了问题。"王羲之听后想了想就说："老婆婆，我给您的扇子写几个字，您再拿去卖好吗？"老婆婆虽不认识他，但是觉得他很热心，就同意了。

王羲之就叫书童拿来笔墨，在老婆婆的扇子上龙飞凤舞地写了几个大字。老婆婆一看，她那些干干净净的芭蕉扇，被写得一塌糊涂，就着急地哭了起来。王羲之安慰道："老婆婆，您不必着急，您的扇子是卖几个钱一把？"老婆婆说："三个钱一把。"王羲之哈哈一笑说："您拿着扇子到城里去，对人说这些扇子都是王逸少写的，三百钱一把定有人买。"

此时，刚好有一位教书先生过来，一眼就认出是王羲之亲笔题的扇子，就马上掏出三百钱来，向老婆婆买扇子。一传十，十传百，这消息很快就传开了，大家都抢着向老婆婆买扇子，一篮子扇子很快就卖光了。

此后，老婆婆常常带一篮子扇子在路边等着王羲之求题字。王羲之见老婆婆一而再、再而三地求字，觉得这也不是办法，所以见到老婆婆，就躲到石头后藏起来。现在绍兴市里有一座石拱桥，叫"题扇桥"，据说就是王羲之为老婆婆题扇的地方。到兰亭的路上，还有一块"躲婆石"，据说就是当年王羲之躲避老婆婆的地方。

阅读启示： 这个故事让我们更多地了解到，晋代时期社会上普遍喜好书法的民风。

【基础知识】

包围结构法

部首在外，由内外两个部分组成的字，这种结构形式，就是包围结构。包围结构包括两面包围、三面包围、四面全包围三大类，结构比例位置关系较为复杂。包围结构的字，内外两部分应互相靠拢，互相照应，各部分之间相互呼应。总之，在半包围结构形式中，内包部分要略向无部首方向偏移，使整个字的笔画排列均匀，避免拥挤。同时，左右笔画尤其是竖画，略向外凸，体现颜体字中松外紧的风格，这一特点在三面包围和全包围结构形式中尤为突出。

【基本技能】

包围结构的写法

1. 内外靠拢

在包围结构的字中，内外部分要相互靠拢，但是不能过于拥挤，在紧密的基础上使笔画均匀排列。

2. 内外呼应

在笔画均匀的基础上，内外两个部分要利用笔画或者部位、位置、形态，形成互相呼应的态势。

3. 两面包围

两面包围分为左上包围、右上包围和左下包围。部首位于左上方时，内包部分适当向右下偏移，长笔画可略微向右下突出，如"康""彦"；部首位于右上方时，内包部分适当向左下偏移，长笔画可略微向左下突出，如"司"；部首位于左下方时，内包部分偏右上，形窄，宽度不能超过部首中的长捺或钩画，如"道"。

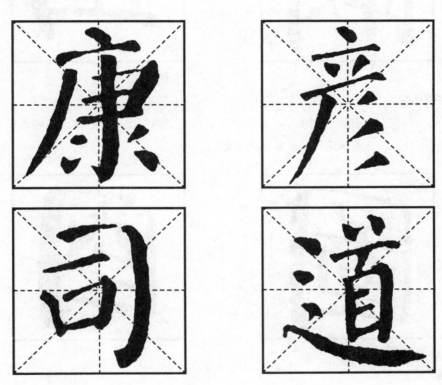

4. 三面包围

三面包围分为左包右、上包下和下包上三种类型。左包右时，内包部分要窄于部首的底横，向左靠拢，如"匡"；上包下时，内包部分要向上靠拢，不能低于部首，如"内""闕（阙）"；下包上时，部首中的边竖要短，而内包部分要高于部首，向上突出，如"幽"。总之，在这几种半包围的结构中，内包部分应略向部首偏移，才能使整个字的笔画均匀，不造成拥挤。

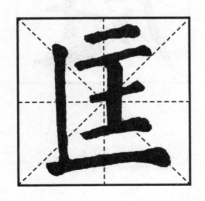 

5. 全包围结构

全包围结构的字基本部首为国字框，部首方正，略长。两竖画左轻右重，左短右长，且略微向外突出。内包部分要注意笔画均匀，不要有疏密变化。

6. 双包围结构

这种结构以外包围为主，内包围为次，服从于主结构。

【诗书人生】

兰亭题咏

宋·李兼

书法光芒晋永和，后来摹写不胜多。

考论又得桑夫子，兰渚风流转不磨。

赏阅：

书法的光芒在晋代永和年间闪耀，后来仿照临摹的人数不胜数。天台人桑泽卿夫子又作《兰亭考》，曲水流觞的兰渚风流永不磨灭。

本诗赞叹了《兰亭序》，让我们了解《兰亭序》在书法史中的重要地位。

李兼，生平不详。

【翰墨书香】

学书者必先审于执笔，双钩悬腕，让左侧右，虚掌实指，意前笔后，此口诀也。用笔必以正锋为主，又不必太拘，隐锋以藏气脉，露锋以耀精神，乃千古之密旨。

——明·丰坊《童学书程》

赏阅：

学习书法必须首先了解关于执笔的方法，"双钩悬腕，让左侧右，虚掌实指，意前笔后"，这是古人传授的口诀。用笔要以正锋为主，但不能太拘泥于此，藏锋用来隐藏书法作品的气势，露锋用来彰显书法作品的神采，这是千年以来的秘诀。

丰坊（1492—1563），字存礼，号南禺（yú）外史，鄞（yín）县（今浙江宁波鄞州区）人，明代书法家、篆刻家、藏书家。有《藏书记》《书诀》等。

【乾坤通识】

欧体间架结构与布势（四）

28. 小成大

要注意小点画对整个字的作用，精彩的点画往往可以成就一个字，如"领（领）"。

29. 小大成形

大小不一的字，各有各的体势，书写起来也是各有各的难点，如"覽（览）"。

30. 小大、大小

小字为了显大，可以写得舒展；大字为了显小，可以写得紧凑。

31. 左小右大

左右结构的字，通常左小右大，但是要根据各部笔画的多少而做出相应的改变。

32. 左高右低、左短右长

一般如此，但也要根据字的结构灵活处理，不能一味左高右低、左短右长。

 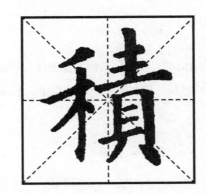

33. 褊（biǎn）小

指学习欧体字易窄长，要注意结构的整齐有序，结字紧密，如"接"。

34. 各自成形

偏旁部首，无论是组合还是分开，都要有各自的形态，如"碧"。

 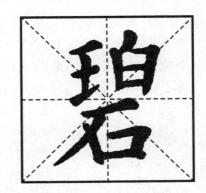

35. 相管领

字的主要部分要引领次要部分，上下相承，安排适当的位置，如"書（书）"。

36. 应接

点画之间要注意呼应衔接，如"深"。

 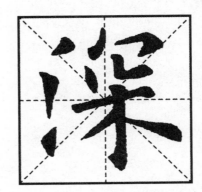

【知学思考】

1. 包围结构都有哪些？书写本课颜体包围结构应注意哪些事项？

2. "双钩悬腕，让左侧右，虚掌实指，意前笔后"这十六个字你做到了吗？

【知行合一】

1. 掌握本课颜体包围结构书写要领，并练习书写相关汉字。

2. 与家人、朋友分享故事《题扇桥与躲婆石》和李兼的《兰亭题咏》，了解晋代时人们普遍喜爱书法的社会风气，知道《兰亭序》在书法史上的重要地位。

3*. 欣赏颜真卿《祭侄文稿》，体会"流畅苍劲"的笔力，以及作品蕴含的悲愤之情。

《祭侄文稿》是颜真卿追祭从侄颜季明的文章草稿，简要记述了颜季明以及其父颜杲（gǎo）卿平叛、遇害、亲人寻尸的过程。该帖为行书纸本，纵20.8厘米，横75.5厘米，23行，234字，书于唐乾元元年（758）。

本帖通篇用笔之间情如潮涌，由于情感极度激越，所以全然不顾忌字的工拙，书法自然，气势磅礴，苍劲流畅，纵笔豪放，一泻千里，悲愤的心情也在字里行间展示得淋漓尽致，被后人誉为"天下行书第二"。现藏于台北故宫博物院。

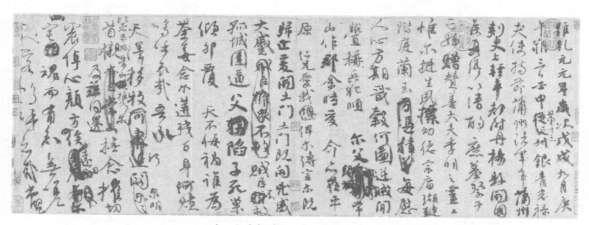

唐·颜真卿《祭侄文稿》（局部）

本单元教学建议

◎**教学目标**

1. 了解并掌握独体字、上下结构、左右结构、包围结构等汉字结构的基本概念。

2. 掌握汉字的结构与书写要求之间的联系和规律。

◎**教学重点**

掌握各汉字结构书写规律，并能够在教师指导下独立书写相关汉字。

◎**教学难点**

从汉字结构的变化规律中，体会汉字的结构美、笔画的韵律美。

◎**广览博学**

1. 搜索、阅读解缙的《春雨杂述》。

2. 搜索、阅读杨慎的《墨池琐录》。

3. 搜索、阅读丰坊的《童学书程》。

4. 搜索、欣赏文徵明的书法作品《七律诗轴》。

5. 搜索、欣赏十大传世名帖之三《祭侄文稿》。

第五单元　书法布局

本单元概述

　　本单元安排的教学内容和教学目标是：引导学员掌握书法布局取势端正凝重、呼应连贯、同形求变以及形态各异的相关知识；通过学习《下马观碑》《墨汁蒜泥》等历史典故，懂得学习要专心致志；通过赏阅《竹石》《拟古》等古诗，欣赏竹、松的高洁品质；通过理解《画禅室随笔》《寒山帚谈》等书论作品中的名句，了解并掌握进一步学好书法的注意事项。

第二十七课　端正凝重

下马观碑

欧阳询是唐朝初年的书法家。有一次，欧阳询带着儿子欧阳通出门访友，半路上看见晋代书法家索靖所写的一座古碑，碑上的字迹苍劲有力，欧阳询深受吸引，不由得下马观看。

他一边念诵碑文，一边在手上比划，认真研究碑文的写法和风格，过了许久才依依不舍地离去。可是未走多远，欧阳询对儿子说："你先去吧，有一些字的写法我又忘记了，需要再回去看看。"欧阳通说："以后再看吧，或者我去把那几个字描下来给您带走可以吗？"欧阳询说："你只能描出字的形体，却描不出字的神态啊！"说完，欧阳询便策马转身返回。他回到碑前，悉心揣摩领悟，站累了就坐下来继续审读。到了晚上，还未完全掌握，干脆就在附近找个地方住下，一连住了三天，直到把所有字都学会了才离开。

阅读启示： 学习书法不能只注重字的形体，更要探寻字中的神韵。欧阳询为了掌握书法的神韵，断然拒绝了儿子要帮他描字的请求，由此可见神韵的重要性。

【基础知识】

端正凝重

布势就是字与字、行与行以及整幅字的气势格局的安排方法。颜体字虽以方正为主，但仍然要注意笔画的多少、长短、正斜的变化。颜体字中没有完全相同的字，所以在书写时还应注意同形求变，即相同的笔画、部首或者同一个字，写法形状各不相同。端正凝重是指颜体字以方形为主，端庄方正，正面取势，重心稳定，用笔浑圆厚重，凝重平稳，气势雄伟等。

【基本技能】

1. 端正

书写颜体字时要横平竖正，笔画均匀，左右对应的部分要保持对称。以方形为主的字形，四周的笔画要适当伸展，确保字形端庄方正，重心平稳。

2. 外拓

书写颜体字时要确保左右两边的笔画向外突出，尤其是两边的长竖，使字形在方正中稍呈圆形，更具稳重感。

3. 凝重

书写颜体字时要以圆笔为主，笔画的起收、转折多用圆转。下笔时要粗壮有力，尤其是点、捺、竖等笔画以及字的主笔部分要更为突出，方能显出字形的凝重。

【诗书人生】

题王逸老书饮中八仙歌（节选）

元·唐珙
gǒng

前朝书法孰为盛，苏黄米蔡得其正。

法度难以晋魏论，气象可与欧虞并。

赏阅：

前朝的书法家谁最负盛名，苏轼、黄庭坚、米芾、蔡襄深得书法正道。法度虽难以与魏晋时期的大家相提并论，但是气韵格调可以与欧阳询、虞世南等人比肩。

逸老，指遁世隐居的老人。《饮中八仙歌》是唐代诗人杜甫的七言诗。

唐珙（生卒年不详），字温如，会稽山阴（今浙江绍兴）人，元末明初诗人。

【翰墨书香】

法书仙手，致中极和，可以发天地之玄微，宣道义之蕴奥，继往圣之绝学，开后觉之良心。

——明·项穆《书法雅言·神化》

赏阅：

书法名家的作品往往能够达到至善至美的和谐境地，可以显露天地宇宙间深邃微妙的义理，宣扬道义中蕴涵的精深奥义，传承以往圣贤失传的学问，启迪后觉者的德性良心。

项穆（约1550—约1600），字德纯，号贞元，明代书法理论家。他擅长书法，有《双美帖》传世，著有《贞元子诗草》《书法雅言》等。

【乾坤通识】

柳体间架结构与布势（上）

1. 横平

所谓横平，并不是指横要写得水平。横画尤其是长横，一般要写得略微上扬，才能在视觉上显得平稳。如，"全"。

2. 竖正

竖正是指字中的长竖和中间的短竖要写得正直，左右两边的短竖则通常略微向内倾斜，且右竖长于左竖，如"車（车）"。

 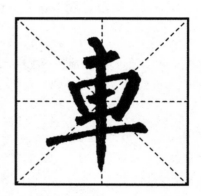

3. 弯正

当弯钩做字的支撑时，钩部要居中，才能让字在斜中取正，如"乎"。

4. 斜正

笔画倾斜的字，斜画相交的交点应该居中，使字在倾斜中取正，如"多"。

 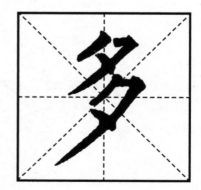

5. 间隔匀称

在一个字当中，笔画之间的间隔距离要基本匀称。特别是笔画繁多的字，不能有的部分过于拥挤，而有的部分过于松散。如，"重"。

6. 左右对称

一个字中，左右对应、形状相同、相似的，两边的形态也应对称、相似，才能让字显得平稳，如"出"。

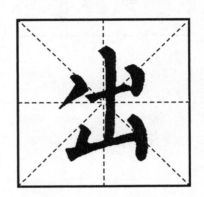

7. 左右穿插

左右两部分的笔画过多发生拥挤或冲突时，应各自上下移位，插入对方的空隙处，使得字的笔画匀称，如"德"。

8. 左右相背

左右两部分有结构相向或相背的笔画，各有不同的体势。左右相背的要气势贯通，彼此关照，避免呆板拘滞。如，"犯"。

9. 左右等高

字的左右两部分高度相等，字形多为方形。左右要互相照应，不可离散，如"猜""辅（辅）"。

 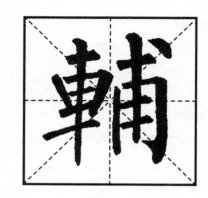

【知学思考】

1. 书法布局讲究气势的端正凝重，都有哪些技巧？

2. 联系实际，谈谈你对"发天地之玄微，宣道义之蕴奥，继往圣之绝学，开后觉之良心"这句话的理解。

【知行合一】

1. 掌握书法布势的技巧，并进行相关书写练习。

2. 与家人、朋友分享故事《下马观碑》和唐琪的《题王逸老书饮中八仙歌》（节选），学习古人求真务实、专心致志的精神。

3*.欣赏苏轼《黄州寒食帖》，联系苏轼当时的被贬经历，从作品前、中、后字迹风格的变化感受作者当时的心态变化。

　　《寒食帖》，又名《黄州寒食帖》《黄州寒食诗帖》，苏轼撰诗并书，墨迹素笺本，横 34.2 厘米，纵 18.9 厘米，17 行，共 129 字，是苏轼行书的代表作，被誉为"天下第三行书"。现藏于台北故宫博物院。

　　该诗是苏轼被贬黄州第三年的寒食节时所发出的人生感叹，苍劲沉郁。此诗的书法也是在此心境下有感而发，开始时书写平缓，字体端正，而后因情感的变化，用笔、结字也随之变化，最后又复归平缓。通篇起伏跌宕，气势奔放，迅疾稳健，正锋、侧锋转换多变，结字大小疏密、轻重宽窄得宜，参差错落，恣肆奇崛。

北宋·苏轼《黄州寒食帖》（局部）

第二十八课 呼应连贯

墨汁蒜泥

　　王羲之自幼酷爱书法，每天起早贪黑地练习。有一天，他因聚精会神练字，乃至于连饭都忘了吃。书童只好把他最爱吃的蒜泥和馍馍送到他跟前，但他好像没有听见，依然专注地埋头写字。书童没有办法，只好找来他的母亲。他的母亲来到书房时，看见王羲之正拿着一个馍馍往嘴里送，馍馍上面沾满墨汁，吃得满嘴乌黑。母亲见到此情此景，笑道："今天的蒜泥可真香啊！"原来，王羲之一边吃饭一边练字，眼睛一直在字上，便错把墨汁当蒜泥了。母亲心疼地对他说："你的字写得很好了，为什么还要如此苦练呢？"王羲之抬头答道："我的字虽然看上去写得不错，但不过都是模仿前人。我想要创造出自己的风格，就一定要下一番苦功。"正是这样几十年如一日的勤学苦练，王羲之终于写出了一种隽秀飘逸的新字体，他也成为了一代书法大家。

　　阅读启示：王羲之为练好书法废寝忘食，这也告诫我们，学好书法不可能一蹴而就，只有专心致志、持之以恒才能学有所成。

【基础知识】

呼应连贯

　　在书法作品中，字与字之间并不是独立的，而是相互联系的有机整体。因此，整幅作品需要呼应连贯，字与字之间也需要呼应连贯。笔画、部首的呼应，体势俯仰、向背都是影响通篇气势的重要因素。书法布势的呼应连贯主要体现在以下三个方面：

1. 线贯

线是中轴线。学习书法的人应该知道，每一行都有一条无形的中轴线，每一个字也有一条无形的中心线，若每一个字的中心线与这一行的中轴线重合，就容易贯通气脉，反之则否。

2. 势连

上个字末笔回锋收笔，其势隐向于下，下个字的首笔逆锋起笔，其势暗接于上，靠上下的笔势使字与字之间遥相呼应，即靠字与字、行与行之间的行笔走向、体势俯仰、笔意流通、行间虚实来体现呼应。

3. 熟练

熟练的书写是楷书贯气的先决条件。书写者只有在书写前将字法了然于胸，书写时一气呵成，写出的作品才能气脉贯通，否则只能是一盘散沙。

【基本技能】

1. 笔画呼应

字的对应笔画或连续笔画要互相呼应。如"赤"字左点收笔时带挑来呼应右点；"绝"字的左下点斜向左点，竖弯钩上包，更显整体性。

2. 部位呼应

合体字的各部分之间通过呼应求得整体感。如，"時（时）"字左下横作挑向右，末笔竖钩部形弯抱左；"鈞（钧）"字左旁稍向右倾斜，右部折钩抱左；"敏"字左右两部的上端稍向中倾斜、靠紧，下端外展，上紧下松，浑然一体；"何"字左右上部靠紧，"口"上靠居于左右之间，末钩又外凸内向，左右不易分开。

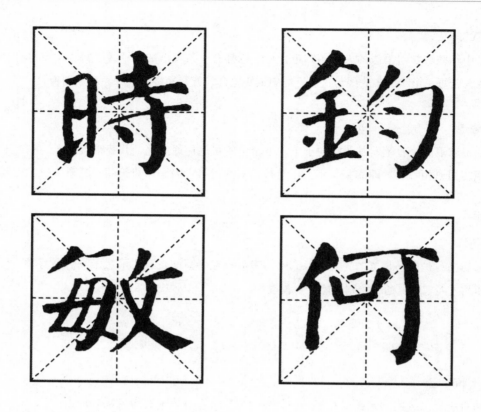

3. 体势俯仰

字上有人字头、宝盖头等形式的部首或笔画时，撇捺向左右伸展，呈向下的俯势，上下呼应，融为一体。

字下有长捺、横、竖弯钩时，要长而向上呼应，稳托上部，下部宜宽。如，"過"字的长捺等。

4. 相向相背

左右相向的字，左右笔画向外拓展，中部略空，呈现呼应之势。如，"好"字要左部右倾，横挑向右呼应，右部形正，弯钩向左呼应。

左右相背的字，中部紧，左右长型竖画曲直、弯度、形态各异，且下端向外伸展。如，"張（张）"字左倾右正，钩画和捺画向外拓展，重心平稳。

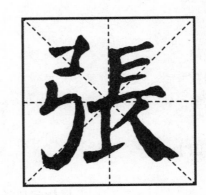

【诗书人生】

东林寺夜宿

明·董其昌

偃息东林下，悠然澹旅情。

泉归虎溪静，云度雁天轻。

苍藓封碑古，优昙应记生。

预悉钟鼓动，扰扰又晨征。

赏阅：

在东林寺旁边休息一下，怡然地感受那游历旅行的情趣。泉水安静地流淌归到虎溪里，大雁在白云下轻盈自在地飞翔。古老的石碑被厚厚的苔藓封盖着，高贵的昙（tán）花应该记得自己生命的短暂。预感到钟鼓声即将响起来，我昨晚打扰了东林寺，现在将趁着清晨的时光踏上去远方的征程。

本诗通过描写作者夜宿东林寺时所见的景色，抒发了游历时的悠然自得，从寺院的钟鼓声里感悟生命意义和禅修情怀。

董其昌（1555—1636），字玄宰，号思白，松江华亭（今上海闵 mǐn 行区马桥）人，明末书画家和文物鉴藏家，官至南京礼部尚书。有《画禅室随笔》等。

【翰墨书香】

作书，须提得笔起，不可信笔。盖信笔，则其波画皆无力。提得起笔，则一转一束处，皆有主宰。

——明·董其昌《画禅室随笔》

赏阅：

创作书法，必须要能提得起笔，不可率意走笔。因为率意走笔，笔画就会显得无力。提得起笔，那么转笔和收束的地方都能有所控制。

【乾坤通识】

柳体间架结构与布势（下）

10. 左短右长

左部短小，以右部为主的字，左部收缩向上以避让右部，右部则端正舒展，如"埃"。

11. 左长右短

右部短小，以左部为主的字，右上要留空，右部向下靠，左部端正舒展，才能让字显得平衡稳当，如"紅（红）"。

12. 上宽下窄

上部笔画繁密而下部笔画稀少时，上部所占面积较大，上下两部中心要对正，如"智"。

13. 上窄下宽

上部笔画稀少或形小时，下部要宽大，稳托上部，如"恩"。

14. 上短下长

有"艹""日"等字头的字，上部要短，下部所占面积较大，左右基本对称，如"萬"。

15. 上长下短

有"灬""皿"等字底的字，上部长，下部占位小，左右基本对称，如"益"。

16. 重、并

上下结构相同的字，下部较大，以便承上。左右结构相同的字，左略小右稍大。如，"林"。

17. 向、背

左右相向的字，要左右相倚，互相穿插。左右向背的字，两部也不宜远离，要彼此照应。如，"弛"。

18. 偏、斜

　　当笔势偏向一侧时，要偏中求正，其中一笔尽量延长以平稳重心。字形向一边偏斜时，跟随字势，动态中保持平衡。如，"秀""少"。

【知学思考】

1. 书法布势的呼应连贯有哪些技巧？

2. "读万卷书，行万里路"对于学习书法有哪些益处？

【知行合一】

1. 掌握书法布势呼应连贯的技巧，并进行相关书写练习。

2. 与家人、朋友分享故事《墨汁蒜泥》和董其昌的《东林寺夜宿》，体会王羲之的勤学精神和董其昌悠然自得的心境。

3*. 欣赏欧阳询《仲尼梦奠帖》，感受其"气韵流畅、妩媚刚劲"的特征。

　　《仲尼梦奠帖》是中华十大传世名帖之一，纸本，行书，纵 25.5 厘米，横 33.6 厘米，9 行，共 78 字。现藏于辽宁省博物馆。

　　《仲尼梦奠帖》是欧阳询传世墨迹最为精彩的一幅，书于晚年。此帖用墨清淡，秃笔疾书，转折自如，无任何不妥凝滞，脉络清晰，结字稳重，运笔从容不迫。通篇气韵流畅，字体方正刚劲，圆笔的运用又使刚劲中透着妩媚，清劲绝尘，实属稀世之珍。

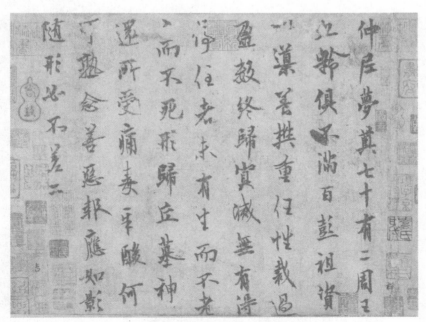

唐·欧阳询《仲尼梦奠帖》（局部）

第二十九课 同形求变

【历史典故】

板桥学书

郑燮（xiè），字克柔，号板桥，清代"扬州八怪"之一。他自幼酷爱书法，勤学苦练，临摹众多书法大家的各种书体，几乎能以假乱真。但奇怪的是，大家对他的字却并不怎么看好，郑板桥因此忧心忡忡，就更加发奋刻苦练字。

一个夏日的晚上，他和妻子坐在屋外乘凉，心里却时刻不忘练习书法，便用手指在自己的大腿上写字练习。因为过于投入，写着写着就写到他妻子身上去了。妻子拍着他的手说道："你有你的体，我有我的体，为什么不写自己的体，却写别人的体？"郑板桥幡（fān）然醒悟，各人有各人的身体，同样地，每个人写出的字体也不一样，效仿别人的字体，即使学得再像，也终究是别人的字体。我为什么不写自己的字体呢？自此之后，他博采众家之长，融会贯通，综合草、隶、篆、楷四大书体，再加入兰竹笔意，创作了大小不一、歪斜不整的"六分半书"，成为清代享有盛誉的书画家。

阅读启示：初学书法者为打好基础可多临摹名家作品，但是往往名家都有自身的特色，因此，学习书法到一定阶段后要融会贯通，勇于创新，最终形成自身的书法特色。

【基础知识】

同形求变

在同一幅作品中，相同的部首应根据字的不同呈现一定的变化，而相同的字也应通过笔画的增减、变形等呈现轻重、大小、方圆的差异，避免单调刻板，这样才能丰富作品的内涵。

【基本技能】

1. 重

重即为上下同形，书写时为上次下主，上小下大。例如，"出"字在书写时底部的横要长且平；"多"字在书写时下撇最长，略弯，与点交于竖中线，以稳定字形。

 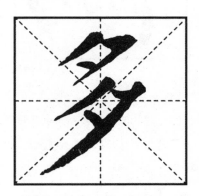

2. 并

并即为左右同形，书写时字的右半部分为字的主体，形宜大，而字的左半部分为次要部分，形宜小。如，"林"字在书写时，左部的捺画要缩为点，右部的捺画要形正且伸长；"皆"字上部分左右同形，两个竖折左方右圆，左小右大。

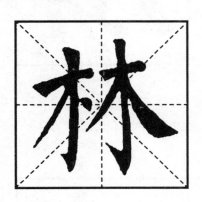 

3. 堆

堆即三者排布形成"品"字形结构，书写时上部分要小而扁平，下部分要左小右大。如，"协（協）"字在书写时要注意，下面两个"力"要向上插于上面一个"力"的左右；"摄（攝）"字在书写时要注意，下面的两个"耳"要合并，且中竖变形。

4. 同旁异形

同旁异形即相同的部首要根据字的不同情况作出相应的变化，如页字旁、单人旁等。如，"频"字因笔画较多，因此书写时"页"字较轻，形正为主，以达到稳定重心的效果；"顷"字笔画较少，"页"略为粗壮，稳中求险，横画多作斜势。

"優（优）"字的笔画左少右多，因此"亻"在书写时应粗壮有力，与右半部分保持平衡，达到左部笔画虽少却并不孤单的效果；"仲"字的"亻"在书写时要轻而劲直，右半部分的中竖要长而粗壮，以达到主次分明的效果。

 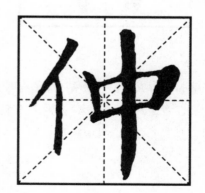

【诗书人生】

竹 石

清·郑燮

咬定青山不放松，立根原在破岩中。
千磨万击还坚劲，任尔东西南北风。

赏阅：

竹子咬住青山毫不放松，其根紧紧扎在石缝中。尽管经历了成千上万次的打击折磨还依然那么坚强，无论酷暑严冬和疾风，它都能经受，且始终坚韧刚劲。

这首诗表现了竹子顽强而又执著的品质，同时启示我们，面对困难时要像岩竹一样坚忍不拔，刚强勇敢。

郑燮（1693—1765），字克柔，号板桥，兴化（今属江苏省）人，清代学者、书法家、画家、诗人，曾任山东范县、潍（wéi）县知县，因与官场格格不入，遂辞官回老家卖画为生。他的诗多为写景状物及题画之作，多用白描，明白流畅，通俗易懂。有《郑板桥集》。

【翰墨书香】

骨力者字法也，韵度者笔法也，一取之实，一得之虚。取之在学，得之在识。二者相须，亦每相病，偏则失，合乃得。

——明·赵宧光《寒山帚谈》

赏阅：

骨力是指字法，风韵气度即指笔法，骨力取于实，韵度取于虚。取在学问修养，得在见识。两者往往既相合，又相互矛盾，偏于一种就会失败，两者相合才能成功。

赵宧光（1559—1625），字凡夫，一字水臣，号广平，太仓（今属江苏省）人，明代文学家。有《寒山帚谈》等。

【乾坤通识】

赵体间架结构与布势（上）

1. 中点结构

字的上部有一点时，要将点画置于整个字的中垂线上，点的下部左右应均匀分布，如"言"。

2. 中竖结构

字的中部有一条垂直向下的中竖时，中竖一般位于字的中垂线上，要挺拔有力，左右两部分保持平衡，如"年"。

3. 中横结构

字的中部有一横画时，中横要写长，上下部分的高度一般是一比一，如"平"。

4. 中宽结构

字的中部较宽，整体呈菱形时，中部笔画要舒展，上下笔画横向收缩。上部笔画昂头取势，下部坚实有力。如，"學（学）"。

5. 中窄结构

字的中部较窄，整体呈梯形时，中部横向的笔画要写短，上部或下部的笔画横向伸展。字的上下部分都要平稳，上部覆盖中部，下部稳托中上部。如，"夏"。

6. 左右结构

左右部分要同宽，左部略紧，但应有一笔舒展，以保证左右宽度大致相等，如"翰"。

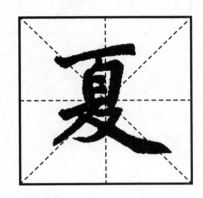 

7. 左中右结构

字的中部要稳固、直立，左右部分围绕中部相互顾盼，笔画上紧下松，相互穿插，如"暇"。

8. 上下结构

上下两部分应互相穿插融合，同时要注意不同字形的写法，如"贺（賀）"。

9. 上中下结构

各部分纵向笔画要写短，横向笔画的长度、书写角度应有所不同。

【知学思考】

1. 书法布势之同形求变的技巧都有哪些?
2. 联系实际，谈谈你对字法和笔法的理解。

【知行合一】

1. 掌握书法布势之同形求变的技巧，并进行相关书写练习。

2. 与家人、朋友分享故事《板桥学书》和郑燮的《竹石》，学习郑板桥在艺术上敢于创新、在人品官德上持守高风亮节的品质。

3*. 欣赏怀素《自叙帖》，体会其"神采动荡、舒缓飘逸"的书法特征。

　　《自叙帖》，草书，纸本，纵 28.3 厘米，横 775 厘米，126 行，共 698 字，唐代书法家怀素书于唐大历十二年（777）。《自叙帖》活泼生动，笔下生风，奔腾激荡，是泼墨大写意般的抒情之作。该帖用笔圆转遒逸，运笔上下翻动，疾速轻重极富动感，笔断意连，点画呼应。在结体方面，以圆破方，方圆结合，夸张变形，整幅作品洋洋洒洒，一气呵成，犹如龙蛇竞走，神采摇荡，舒缓飘逸。现藏于台北故宫博物院。

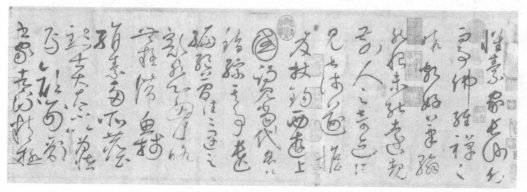

唐·怀素《自叙帖》（局部）

【历史典故】

黄泥习字

颜真卿三岁时，父亲因病去世，母亲只好带着他回到了外祖父家。颜真卿的外祖父是一位书画家，他见颜真卿聪慧机敏，就教他读书写字。颜真卿练字很是刻苦用心，一笔一画从不马虎，一写就是大半天。

母亲见儿子如此用心练字，喜忧参半，喜的是儿子将来一定会有出息，愁的是家境并不富裕，没有多余的钱供他练字。颜真卿自幼就很懂事，见母亲常常为此事忧愁，便暗地里自己想办法。一天，他高兴地对母亲说："您别发愁了，我有不花钱的纸笔了！"说着便用刷子在碗里沾满泥浆，开始在墙上写字，等到墙上写满了字，就用清水冲掉字迹继续写。看到儿子想到了这样的好方法，母亲十分欣慰。由于颜真卿刻苦好学，长大以后不但练就了一手好字，也成了国家的栋梁之才。

阅读启示： 颜真卿虽家境贫寒，却自己创造条件练习书法。我们更要珍惜现有的学习条件，努力学习。

【基础知识】

形态各异

变化是楷书章法的精髓，若整幅作品中的字没有变化，便会索然无味。孙过庭曾在其书法作品《书谱序》中提到："违而不犯，和而不同。"违而不犯就是在结体特点一致的情况下，形态要有变化。例如，颜体字虽以方正为主，也有较长或较短的字。总之，字要有大小、长短之变化，错落有致，匀称和谐。和而不同就是在用笔基调一致的前提下，笔法要丰富。书法布势之形态各异，主要体现在疏密、大小、长短、偏斜等方面。

【基本技能】

1. 疏密

笔画较少的字，书写时要疏松开朗，中部拉开，形成中间疏松、外部密集的特色。如，书写"居"字时，"十"字所占位置较大；书写"隋"字要左右分开，外围笔画向内呼应。

笔画较多的字在书写时要稍紧凑，笔画适当轻写，细劲有力，均匀对称。如，书写"兼"字时，字的中部笔画密集。

2. 大小

笔画较多的字，书写时应保持较大字形，笔画适当减轻，向中间靠拢。如，"畿（jī）""铠（kǎi）"二字笔画繁多，书写时要排列均匀，不可过大，更不可出格。

笔画较少且没有长笔画的字，在书写时字形要小，笔画适当加重，小中见大，如"口""小"。

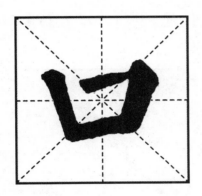 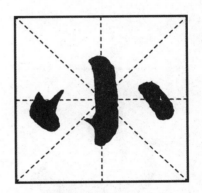

3. 长短

横画较多而竖画较少，横画较短而竖画较长，或者上下有重叠的字，在书写时应保持窄长。书写这类字时，横画要上下紧靠，长竖和中竖要端正劲直，撇画和捺画不应过长，且保持中心对称。如，"畫""慶（庆）"。

与上述情况相反，字形短而宽的字，书写竖画时要靠拢，左右平齐，书写时应接近方形，如"仁""四"。

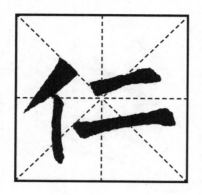
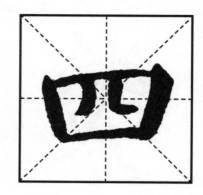

4. 偏斜

　　形偏的字，即左右笔画不等、主体偏向一侧的字，在书写时要考虑到左右笔画的伸缩，为平衡左右，字的主体应向另一边倾斜，如"也""允"。

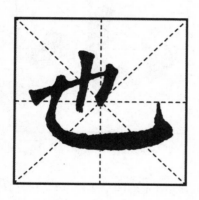
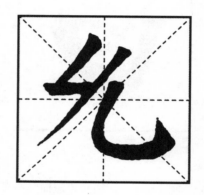

　　以斜向笔画为主的字在书写时应平衡字的重心，斜画的交点要居中。此外，撇画与横画、竖画、点画的交点以及斜向钩的钩头也要居中。如，"少""男"。

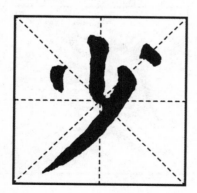

【诗书人生】

拟古·其一（节选）

北宋·米芾

柏见吐子效，鹤疑缩颈还。

青松本无华，安得保岁寒。

赏阅：

柏树见到青松上开出凌霄花，便也吐出柏树子来效仿，仙鹤看到了也缩起脖颈自愧不如。青松本没有华丽的外表，怎么才能在寒冬之中保持长青呢？

这首诗是米芾《蜀素帖》中的一首，赞扬了青松挺立刚直、朴实无华、坚毅顽强的高洁品质。

【翰墨书香】

天下清事，须乘兴趣，乃克臻妙耳。书者，舒也。襟怀舒散，时于清幽明爽之处，纸墨精佳，役者便慧，乘兴一挥，自有潇洒出尘之趣。

——明·费瀛《大书长语》

赏阅：

世间清雅的事，都必须乘着兴致，才可以达到精妙。书法，就是抒发内心的情感。心情舒畅，在清静幽雅且明亮的地方，笔墨纸砚上乘，书僮机灵聪慧，乘兴挥毫作书，自有潇洒出尘的意趣。

费瀛（生卒年不详），字汝登，晚号艺林剩夫，慈溪（今属浙江省）人，明代书法家。有《大书长语》。

【乾坤通识】

赵体间架结构与布势（下）

10. 三均结构

当字由左中右三个同宽的部分组成时，中部直立，左右部分相互顾盼，同时相应的笔画相互穿插，如"微"。

11. 相向结构

左右两部分的重点笔画笔势相向，同时注意左右笔画的相互穿插，如"既"。

12. 相背结构

左右两部分的主要笔画相背取势，次要笔画相向取势，并且要注意左右笔画的相互穿插和顾盼，如"抱"。

13. 全包围结构

要注意保持外框的平正，包围笔画轮廓分明，且字框不能全部封闭，如"固"。

 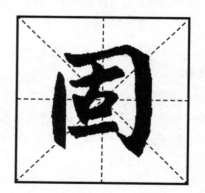

14. 上包围结构

包围框架要写平整，内部笔画要均匀，如"而"。

15. 下包围结构

框架要写平正，内部笔画要均匀分布，同时要注意与其他部分的有机结合，如"齿（齿）"。

16. 左包围结构

　　字的上部笔画要向右上取势，左部笔画方笔起笔，坚实有力，下部笔画对被包围部分呈怀抱之势，如"巴"。

17. 右包围结构

　　上部笔画向右上取势，右部轮廓分明。内部笔画均匀分布，重心向字的右上倾，如"菊"。

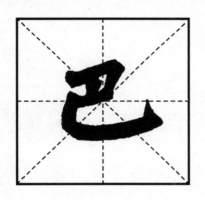 

【知学思考】

　　1. 书法布势之形态各异都有哪些技巧？

　　2. 联系实际，谈一谈你对"天下清事"这四个字的理解。

【知行合一】

　　1. 掌握书法布势之形态各异的技巧，并进行相关书写练习。

　　2. 与家人、朋友分享故事《黄泥习字》和米芾的《拟古·其一》（节选），去植物园看一看青松，感受其高洁傲岸、顽强不屈的品质。

　　3*. 欣赏米芾《蜀素帖》，感受其"纵横跌宕、刚柔相济"的书法特征。

　　《蜀素帖》，又名《拟古诗帖》，行书，纵 27.8 厘米，横 270.8 厘米，写于宋哲宗元祐三年（1088），被誉为中华第一美帖。现藏于台北故宫博物院。

　　《蜀素帖》结字奇险率意，变幻灵动，缩放有序；字形颀（qí）长，风姿秀丽；布势随意，不修边幅。通篇流畅跌宕，纵横挥洒，方圆兼具，刚柔相济，藏锋处锋芒微露，露锋处亦有藏锋。章法别出心裁，点画的紧凑与大段的空白形成鲜明的对比，笔画线条粗重与轻柔交互出现，笔势流利，笔触却略带滞涩，二者相生相济。

北宋·米芾《蜀素帖》（局部）

本单元教学建议

◎教学目标

了解并掌握书法布势技巧。

◎教学重点

能够在老师的指导下进行不同布势的书写练习。

◎教学难点

能够总结每一种布势风格所带来的不同的审美体验，并写出学习心得。

◎广览博学

1.搜索、阅读项穆的《书法雅言·神化》。

2.搜索、阅读董其昌的《画禅室随笔·卷一》。

3.搜索、阅读赵宧光的《寒山帚谈》。

4.搜索、阅读费瀛的《大书长语》。

5.搜索、欣赏十大传世名帖之四《黄州寒食帖》。

6.搜索、欣赏十大传世名帖之五《仲尼梦奠帖》。

7.搜索、欣赏十大传世名帖之六《自叙帖》。

8.搜索、欣赏十大传世名帖之七《蜀素帖》。

第六单元　书法作品

本单元概述

　　本单元安排的教学内容和教学目标是：引导学员掌握关于书法创作的知识，包括作品形式、格式、布局、创作以及书法作品的欣赏；通过学习《韦诞题词》《物我两忘》等历史典故，懂得作书要专心致志，不被外界事物干扰；通过赏阅《读书》《行路难》等古诗，懂得奋发向上，培养乘风破浪、砥砺前行的志向；通过理解《霜红龛（kān）集》《艺概》等书论作品中的名句，知道书法可以塑造人的品格，明白"字如其人"的道理。

【历史典故】

深思题匾

萧何是西汉开国功臣、政治家，刘邦建立西汉王朝，萧何功不可没。由于他功勋（xūn）卓著，刘邦封他为酂（zàn）侯，后又授相国之职。

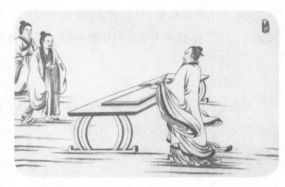

萧何不仅有着卓越的政治眼光，还写得一手好字，尤其擅长用秃笔在牌匾上写字。一次，有一座宫殿刚建成，有人请萧何为这座宫殿题写一个殿名。尽管萧何书法出众，却并没有立刻提笔，而是在苦思冥想三个月后，才准备动笔。为宫殿题字的那天，许多书法爱好者从很远的地方赶来，想一睹萧何作书的风采。只见萧何写字如同领兵打仗一样，运笔转腕之间，好似指挥千军万马，写出来的字也气势非凡，在场的人无不深深折服。

阅读启示： 这个故事告诉我们，想要写出好的书法作品，不仅要勤加练习，更要有严谨的态度，在下笔前深思熟虑，做到心中有数方可落笔，一气呵成。

【基础知识】

作品形式

书法作品形式多种多样，与实际的需要和纸张的大小、形状有关。常用的作品形式有中堂、条幅、对联、斗方、横幅、扇面、匾额、册页、题签等。

1. 中堂

中堂是屋子正厅摆放或吊挂的大型书、画，因悬挂于厅堂而得名，竖式，最早约出现在宋元之际。中堂一般是用四尺或四尺以上的整张宣纸书写，呈长方形，属于大型书法作品。长宽比例为 2：1。也有用三尺宣纸书写的，称作小中堂。

2. 条幅

条幅是直挂的长条字画，竖式。最早的条幅据说为南宋吴琚（jū）写的一首诗，但较小。直至明清之际，为了装点居室，悬挂观赏，条幅开始在社会上流行起来。条幅幅式窄长，一般用半张宣纸书写，长宽比为 4：1 或 3：1，与中堂相似，但是窄于中堂。

3. 对联

对联，俗称对子，也叫楹（yíng）联、楹贴，是粘贴或悬挂在壁间柱上的联语，由两幅长条竖式作品组成。对联无长短限制，由字数的多少决定，分为上下两句，字数相等，仄（zè）起平收，内容相关且对偶。用纸大多四尺宣纸对开或三开取其二。

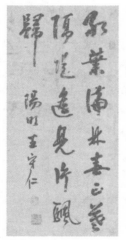
明·王阳明行书（中堂）

清·邓石如篆书（条幅）

清·林则徐楷书（对联）

4. 斗方

斗方一般指 20～50 厘米见方的字、画作品，外形基本接近正方形，一般分为少字类和多字类。用镜框镶嵌，悬挂在室内，多用整张宣纸横向对开，边长在两尺左右，小巧雅致。

5. 横幅

横幅也叫横披、横式。明清之际，房屋高大，多流行条幅；而现代居室较矮，多流行横幅，多悬挂在厅堂的正中，因此又叫横中堂。高宽比为 2：3 或 1：2 不等。

清·赵之谦篆、隶（斗方）

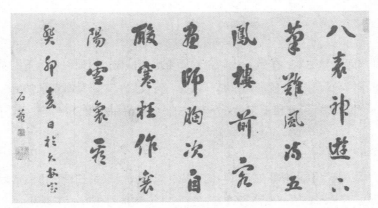

清·刘墉《草书七言诗》（横幅）

6. 扇面

扇面尺寸如扇形，有团扇与折扇，常见形式有三种：一是充分利用上端，每行两字为宜，从右到左排列，落款在左侧，且较长；二是由右向左横排书写二到四个字，落款可写数行小字；三是上端依次书写，下端隔行书写，长短错落有致，落款在正文后面。

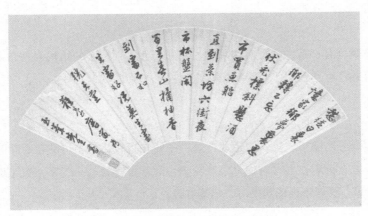

明·唐寅行书（扇面）

【基本技能】

不同作品形式的书写技巧

1. 中堂

中堂一般有界格类和无格类两种。前者适合写小字，书写前根据字数计算好行数和每行的字数，每个格内要留出一定的空间以便字的伸缩开阖，并要特别注意四周的留白，否则会显得满纸皆字，空间不足。无格类则更适合写大字和中字，此类作品书写较为困难，不仅行距要大致相同，且每一行都要直。

2. 条幅

条幅在书写前要先计算字数，字数较少的条幅要考虑字横向、纵向以及上下、左右结构的不同，切忌每字所占位置平均分配。字数较多的条幅一般为三行及以上，书写时切忌最后一行只写一个字。落款时如果最后一行留白多，可直接落于最后一行之下；如果留白较少，可另起一行，但不能高于正文。

3. 对联

字数较少时，可以把款识分别落在上下联的下面，以增加对联的长度，进而增加对联的形式美；字数较多时，一行写不下，必须分成两行或者三行写，上联从右至左，下联从左至右，款识分别落在上下两联的后面，两边实，中间空，称为龙门对。对联在形式上左右对称。

4. 斗方

字数较少的斗方多为四字，款识只落自己的名字或者只有印款。字数较多的斗方在书写时要从右至左，错落有致，上下呼应，上下款都要落在左边。多个斗方组合在一起时，书体、内容可以相同也可以不同，但是大小规格要一致。

5. 横幅

字数较少的横幅只有一行，书写时切忌均占空间，而要根据字的结构合理布局；字数较多的横幅在书写到每行的最后两三个字时，要考虑末字的位置，做到齐脚。

6. 扇面

团扇在书写时既可以随形就势，两边几行短，中间几行长，与团扇的轮廓相吻合；也可以每行整整齐齐，外圆内方。折扇在书写时如果字数较少，通常每行只写一二字，置于扇面顶端；字数较多时则一行长一行短，顺着纸扇形状书写，错落有致。

【诗书人生】

秾芳诗

北宋·赵佶

秾芳依翠萼，焕烂一庭中。

零露沾如醉，残霞照似融。

丹青难下笔，造化独留功。

舞蝶迷香径，翩翩逐晚风。

赏阅：

芳香浓艳的花朵依傍着翠绿的萼片，绚烂地开满庭院。花朵上零星地沾着晶莹醉心的露珠，晚霞照得它似乎要融化一般。这样美的景致画家是很难下笔画出来的，只有天地造化才能留下如此神工。飞舞的蝴蝶迷恋在芳香的花径中，翩翩起舞追逐着温和的晚风。

赵佶（1082—1135），即宋徽宗，北宋皇帝、书画家。宋徽宗在位时广收古文物与书画，使文臣编辑《宣和书谱》《宣和画谱》等；工书法，自创"瘦金体"，也写狂草；绘画重视写生，以精工逼真著称，工花鸟等；能诗词，近人辑有《宋徽宗诗》《宋徽宗词》。

【翰墨书香】

作字先作人，人奇字自古。纲常叛周孔，笔墨不可补。

——清·傅山《霜红龛集》

赏阅：

想要写好字先要做好人，为人奇妙不俗，字自然就会古雅。若是做人背叛了儒家的伦理纲常，笔墨即使再好也是无法弥补缺陷的。

傅山（1607—1684），初名鼎臣，字青竹，后改字青主，号朱衣道人，阳曲（今山西太原）人，明清之际道家哲学家、思想家、书法家、医学家。有《霜红龛集》等。

【乾坤通识】

印章的种类

印章艺术起源于商周，与书法艺术相结合则始于宋代，距今有900多年的历史。印章的分类比较复杂，按照内容可分肖形印与文字印，按质地可分泥印、玉印、金印、铜印、木印和石印，按功用分可分名号章和闲章。在书法中大多从功用上划分。

1. 名号章

名是书写者的姓名和字，号是书写者除名、字以外的称谓。名号章的大小要和款字的大小基本一致，太大会不雅观，太小则不相称。位置在下款末字之后，但要留有一两个字的间隔，不能紧靠末字。如果名章号章都盖，就要一阴一阳。此外，印章的风格要与正文的风格基本一致。

2. 闲章

闲章是除名号章之外其他印章的总称，包括纪年印、格言印、收藏印、籍贯印等。闲章按照用途，可分为引首章、压角章和腰章。引首章钤（qián）于正文起首处，多为长方形或椭圆形，内容多为年代或者名言警句。压角章钤于正文的一角，多为圆形或方形，内容多为年龄、斋号堂号和籍贯。腰章则是钤于正文右边中间，有圆形、椭圆形、方形、长方形等，内容多为格言或肖形印，一般与引首章并用，但要比引首章稍小，否则会太过抢眼。

3. 肖形章

肖形章，又名蜡封或画像印，起源可上溯至战国时期，是印面只有图像而无文字的一种古代玺（xǐ）印。据肖形印的不同花纹图案，可分为五类：人物类、飞禽类、走兽类、虫鱼类以及其他类。肖形印的图案内容丰富，表现手法简练，寥寥数笔，足传神会意。

明·文彭《文彭之印》

明·苏宣《肝胆一古剑》

汉·佚名肖形印《车马出行》

【知学思考】

1. 书法作品都有哪些形式？不同形式的作品分别要注意什么？
2. 联系实际，谈谈你对"作字先作人"这句话的理解。

【知行合一】

1. 掌握书法作品的各种形式以及书写时的注意事项，尝试选择一种形式进行创作。
2. 与家人、朋友分享故事《深思题匾》和赵佶的《秾芳诗》，懂得想要写出好的书法作品，不仅要勤加练习、有严谨的态度，还需要一种艺术情怀。
3. 欣赏赵佶《秾芳诗帖》，感受其书法"生龙活虎，气脉贯通"的特色。

《秾芳诗帖》，绢本手卷，大字瘦金体，纵27.2厘米，横265.9厘米，每行2字，共20行。

书法结体潇洒，银钩铁画，笔致劲健，豪气跃然，瘦硬中寓腴润之致，为宋徽宗赵佶"瘦金书"代表作。清代陈邦彦曾跋赵佶瘦金书《秾芳诗帖》："此卷以画法作书，脱去笔墨畦径，行间如幽兰丛竹，泠泠作风雨声，真神品也。"既是对这一诗帖的评赞，也是对"瘦金书"的艺术效果很好的概括。现藏于台北故宫博物院。

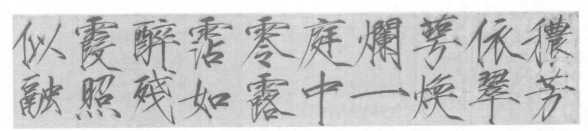

北宋·赵佶《秾芳诗帖》（局部）

【历史典故】

梁鹄学书

汉末魏初书法家梁鹄，自幼酷爱书法，刻苦练字，虽然写得一手好字，但他并不满足。当时有一位叫师宜官的书法家，章草和八分书都写得极好，但是为人个性古怪，不喜欢留存

自己的作品。每次在书版上写好字，自己琢磨一番后，就用小刀刮掉字迹，再扔进火炉烧掉，因此很少有人目睹过他的书法真迹。但是师宜官非常喜欢喝酒，梁鹄得知后，便经常带上好酒去拜访他。等师宜官喝醉，就赶紧去研究师宜官的字，学习临摹。

有一次，梁鹄又在师宜官醉酒后研究他的字，一时忘我，没有注意时间。师宜官酒醒后，看见梁鹄正伏案疾书，走近后发现他已经将自己的字练得真假难辨，忍不住称赞道："你如此认真，日后一定可以超过我。"于是，师宜官就收梁鹄为弟子，将自己的技法全数相授。后来，梁鹄在继承师宜官书法的基础上，经过创新写出了自己的风格，终成一代书法大家。

阅读启示：无论是学习书法还是其他知识技能，都要有主动性，积极创造学习的机会，这样可以得到老师更多的指导，学习才会事半功倍。

【基础知识】

作品格式

一幅完整的楷书作品，必须具备正文、款识（zhì）和印章三项，三者缺一不可。正文即文字内容，多为竖写，从右至左，自上而下，首行顶端

不留空格，断句处不用标点。款识也称题款、落款或署款，属于正文以外的补充交代性文字，虽处于次要、从属地位，但是也不能随意增删。字写完后还要盖章，印章分类较为复杂，通常按照功用，可分为名号章和闲章等。

【基本技能】

作品格式规范

1. 留白

在完成一幅书法作品时，纸的四周应适当留空，形成一个自然的白色边框，使作品更具有整体感。在竖式作品中，上下的边框又叫天头、地脚，略大于左右的留白；横式作品则左右边框大于上下边框。

2. 排列顺序

按照传统的书写习惯，无论横式还是竖式，皆为纵行排列，从上到下、从右到左依次书写。字间、行间有一定的间隔，行距大于字距。正文部分首行顶端没有空格，顶格而写，作品内一般没有标点。

3. 各要素的大小位置关系

落款写在正文之后，款字要小于正文。末行留白较多时，款字可以写在正文末之下，但要注意不能太过拥挤；留空较小时，款字写在正文末行左侧，单独另作一行。款字的内容及顺序为：正文题目及出处、作品书写的年月、书写者的姓名（年老或年小者可以写上年龄），以及书写的地点。姓名钤印在款字下方，印章大小与款字相连，两个印之间留有一个印的位置；启首章钤在正文首字的右侧。

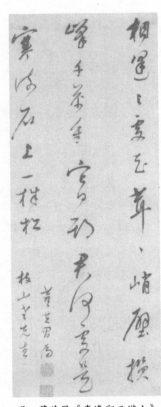

明·董其昌《喜逢郑三游山》

【诗书人生】

奉和令公绿野堂种花

唐·白居易

绿野堂开占物华，路人指道令公家。

令公桃李满天下，何用堂前更种花。

赏阅：

绿野堂建成之后占尽万物的精华，路人指引说这是裴令公的家宅（令公，即裴度，唐代文学家、政治家）。裴令公的学生遍布天下，哪里用得着再在门前屋后种花呢？

这首诗通过写裴度的家宅不用种花草就占尽了万物精华，表现出对一名老师桃李满天下的赞美之情。

白居易（772—846），字乐天，号香山居士，祖籍太原（今属山西省）人，唐代现实主义诗人，曾任杭州刺史、太子少傅等职。白居易与元稹共同倡导新乐府运动，世称"元白"，与刘禹锡并称"刘白"。他的诗歌题材广泛，语言平易通俗。有《白氏长庆集》。

【翰墨书香】

学书画当先修身，身修则心气和平，能应万物。未有心不和而能书画者。

——清·张式《画谭》

赏阅：

学习书画首先要修养身心，涵养德性，如此才能心气平和，应对万物。没有心气不平和却能作书作画的人。

张式（？—1850），字抱翁，号荔门，无锡（今属江苏省）人，清代书法家。有《画谭》《荔门集》等。

【乾坤通识】

书法作品中的称谓问题

称谓是对受书对象的称呼，过分抬高对方，不免有失自尊；过低称呼对方，又会显得贬低对方。因此，写错称呼不仅显露自己的无知，还有可能贻笑大方。

姓名　每个人的名字都分姓和名两部分，如果对方的名有两字，书写时通常不冠姓，看起来比较亲切；如果名只有一字，就一定要冠姓，否则比较拗口。

尊称　名字后一般要加一个尊称，对于同辈来说，有仁兄、先生、贤弟等；对于年长的老师、领导或长辈，多在姓氏后冠老、公、丈、翁等；对于年小的朋友、学生或下辈，可以选择贤弟、学弟、贤契。

敬语　敬语是除姓名、尊称以外的附加词。常用的敬语有惠存、雅正、雅命、正笔、正腕、清赏、把玩、命书等。使用敬语要综合考虑受书者的年龄大小、辈分高低、资历深浅以及与自己关系的亲疏，不可随意使用。

【知学思考】

1. 一幅完整的书法作品都包括什么？在格式上都有哪些要求？
2. 联系实际，谈谈你对"未有心不和而能书画者"这句话的理解。

【知行合一】

1. 掌握书法作品的要素和格式要求，并尝试做相关练习。
2. 与家人、朋友分享故事《梁鹄学书》和白居易的《奉和令公绿野堂种花》，明白"名师出高徒"的含义。
3. 与家人、朋友分享书法作品中的称谓，看看对身边不同的人分别要用怎样的称谓。

第三十三课 书品章法

【历史典故】

臣书第一　陛下亦第一

王僧虔是东晋丞相王导的五世孙，王羲之、王献之父子又是王导的从子、从孙。因此，王僧虔在书法方面有深厚的家学渊源。他年轻时就写得一手好字，尤其擅长隶书。

在南朝宋时，宋文帝对王僧虔的书法赞叹不已，说："这不仅超过了王子敬（献之），其骨力内涵、外貌风仪更不一般，不可小看。"到了齐代，王僧虔的书法更臻完美，成为全国名家。太祖萧道成也擅长书法，提出要与王僧虔比试比试。皇命难违，王僧虔只得从命。君臣二人各自挥毫泼墨，作书完毕后，太祖问道："朕与卿书法，谁是第一？"王僧虔不假思索地回答说："臣书第一，陛下亦第一。"其实太祖心中明白，自己的书法水平是不能与王僧虔匹敌的。于是反问道："第一就是第一，怎么会有两个第一？"王僧虔不慌不忙地解释道："我在所有大臣中书法第一，陛下在历代帝王中书法第一。"听完这样的解释，太祖大笑道："卿可真会说话，既不失自信，又不得罪朕，真可谓善自为谋啊！"

阅读启示： 学习书法要认真刻苦，同时，在与别人探讨书法时也要实事求是，既不能骄傲自大，也不能妄自菲薄，还要讲究策略，注意说话的分寸和技巧。

【基础知识】

书法章法

　　章法是作品的结构处理，也叫布局。整幅作品中，字与字、行与行的照顾、呼应，即整幅作品的布白，叫大章法；一个字中的点画或者几个字之间的布置叫小章法。一幅作品的布白形式大致有三种：一是有行有列，二是有行无列，三是无行无列，总要求是统一、变化、整齐。章法在书法作品创作时十分重要，只有处理好各种关系，字与字之间才能随势而发，作品才能精气和谐，优秀的章法布局可以为整幅作品起到锦上添花的作用。

【基本技能】

书法章法布局技巧

1. 对正

　　在一幅作品尤其是楷书作品中，每行都要字字上下对正，即每个字的中心都要在格子的中心线上，每行才能够端端正正，不偏不倚。各行之间，以右管左；每行之内，以上管下，即每个字的大小、轻重、形态都要受到上字和右字的约束影响。

明·董其昌《天马赋》（局部）

2. 统一

　　在作品布局的每一处，不能因为字太大、太重而显得拥挤，也不能因为字太小、太轻而显得单薄。在整幅作品中，要以风格统一为原则，字体、用笔方法一致，使整幅作品达到和谐统一的效果。

清·朱耷书法

3. 求变

　　在统一的基础上要注重变化，相同的笔画、部首、字连续出现在一幅作品中时，可以根据之前学过的变化知识，敢于求变，让作品呈现出千姿百态的艺术效果，即在统一中求变化，变化中达到新的统一。

清·王铎《忭京南楼诗卷》

4. 呼应

正文的第一个字由于统领全篇，可以稍大或稍重，同时最后一个字也要做相应的处理，以便首尾呼应。这种处理在字数少的作品和对联作品中尤为重要。

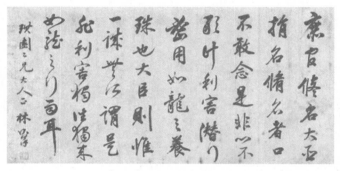

清·林则徐书法

字虽然是固定的，但是布局是灵活多变的。正文的具体情况不同，就要采取不同的形式，以寻求最佳的布局。当然，也不能只注重布局，因为字的好坏才是作品优劣的根本。

【诗书人生】

塞外杂咏

清·林则徐

天山万笏耸琼瑶，导我西行伴寂寥。
我与山灵相对笑，满头晴雪共难消。

赏阅：

数以万计的天山雪峰，像笏一般陡峭、玉一般晶莹剔透，一路上引导着我西行，时时与我为伴、互慰寂寥。被贬途中，忧国忧民的性情无处可倾诉，只能与山神相对会意而笑，

（我与雪山一样）满头的黑发已变雪白了，报国无门的忧愤心情却依然难以消除。

本诗作于道光二十二年（1842），作者被遣戍新疆伊犁途中。本诗首先描绘了天山的雄伟壮丽和洁白无瑕，通过描写自己被谪贬伊犁，途中只有天山相伴，表现了作者的寂寞孤独之感。后两句表面上表达开朗旷达的心情，实际上流露出身处逆境的无奈，表达了作者对外力入侵、国家灾难深重的忧患和自己年事已高、壮志未酬的伤感。

林则徐（1785—1850），字元抚，又字少穆，晚号俟（sì）村老人，福建侯官（今福建福州）人，曾任湖广总督、陕甘总督等职，清末政治家、思想家和诗人。林则徐是清朝最有作为的大臣之一，曾两次受命钦差大臣，主张严禁鸦片，1839年，他强迫外国鸦片商人交出鸦片，并在虎门将所收鸦片销毁，即著名的"虎门销烟"。有《林文忠公政书》等。

【翰墨书香】

凡字无论疏密斜正，必有精神挽结之处，是为字之中宫。然中宫有在实画，有在虚白，必审其字之精神所注，而安置于格内之中宫；然后以其字之头目手足分布于旁之八宫，则随其长短虚实而上下左右皆相得矣。

——清·包世臣《艺舟双楫》

赏阅：

一个字无论疏密斜正，一定有精神凝结的地方，这就是字的中宫。有的中宫处于实画，有的中宫处于虚白之处，这时就必须审察清楚字的精神集中点，然后安置在格内的中宫处；再将字的头目手足分布于旁边的八宫，根据字的长短虚实灵活处理，使上下左右都相称。

包世臣（1775—1855），字慎伯，晚号倦翁，泾县（今属安徽宣城）人，清代书法家、书法理论家。有《艺舟双楫》等。

【乾坤通识】

字画装裱

中国装裱技术有着悠久的历史。西汉初期，帛画上端就粘有竹杆，系有丝带，便于悬挂；四角下端缀有飘带，显示出萌芽阶段的装裱状况。装裱风格主要有苏（苏州）裱和京（北京）裱两种。苏裱素净淡雅，京裱庄重豪华。除此之外，各地也有自己的风格，比如浙江、福建等比较有地方特色。

装裱古旧字画，需经过冲洗去污、揭旧补缀、修磨残口、矾挣全色、刺制裱绫、镶嵌绫绢、转边扶背、砑（yà）光上杆等多道工序。

装裱字画的绫绢须经过调色托染。染制色彩要根据画面色彩的浓淡、繁简及用途来选择。天地绫子的花纹图案要大些。宣和裱所用古铜色小边，用绢染托。染托绫绢均用宣纸夹连，以适应画心厚度。装裱用糊要稀，稀则有利画平，古人说"良工用糊如水"。制糊要弃去面粉中的麸（fū）皮和面筋，煮糊用火适中。刮制天杆地杆，选用燥干的松木或杉木可保挺直。书画珍品，用檀木或樟木刮制画杆可避免虫蛀。在现代，也有机裱的方法，是用胶纸覆背，烘干而成，有利有弊：优点是比较挺括，多卷几次也不会起褶皱；缺点则是不能再次揭裱。

【知学思考】

1. 什么叫书法作品的章法？书法作品的布局应注意哪些事项？
2. 联系实际，谈谈你对字的"中宫"的理解。

【知行合一】

1. 掌握章法定义以及布局规律，尝试进行相关练习。
2. 与家人、朋友分享故事《臣书第一，陛下亦第一》和林则徐的《塞外杂咏》，感受民族英雄林则徐忧国忧民的高贵品格和壮志难酬的惆怅之情。
3. 了解关于装裱的知识，将自己书写的字拿到装裱店装裱，近距离了解书画作品的装裱过程。

【历史典故】

韦诞题词

三国时期的书法家韦诞，师从张芝和邯郸淳，擅长篆、隶、正、草，楷书功力尤为深厚，深受帝王器重。当时题刻的宫殿，大多出自他的手笔。

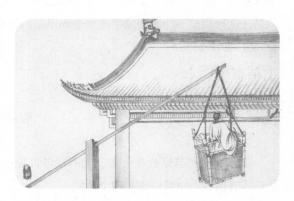

魏明帝时，河南洛阳建了一座飞檐翘角、气势雄伟的楼台，可是工匠不慎将空白的匾额钉上了台檐。如果拆下匾额补写，就会损伤楼台；如果让人悬在空中直接书写，又可能会发生危险。监工不知如何是好，只好禀报皇帝。

过了几天，魏明帝亲自下诏，让韦诞站在一个大竹笼里，吊在半空中题写。匾额离地二十五丈，竹笼徐徐上升。韦诞心想：匾额的字体要端庄稳重，轻重得宜，书写时一定要全身运动，可是人如果发生偏移，竹笼就会失去平衡，自己可能摔得粉身碎骨。思索间，竹笼已经靠近了匾额。只见他缓缓地取出笔、墨，沉吟片刻，屏住呼吸，"凌云台"三个大字一挥而就，然后将毛笔掷（zhì）了下来。这时，在下面观看的人们惊讶地发现他的须发瞬间变得花白，韦诞在那一刻的认真与专注可想而知。

阅读启示： 下笔之前，要做到胸有成竹，对每个字的点画、结构和整体的布局要心中有数，方可落笔。

【基础知识】

临帖和集字

对于初学者来说，书写书法作品，应从临帖开始。字帖都是历代名家的经典之作，千百年流传至今，经过历史的考验。我们只有经过较长时间的临帖练习，日积月累，逐渐掌握规律，才有可能进行创作。

临帖其实也是创作的一种形式，有节临、全临以及集字几类。节临也叫选临，是选择原帖的某一部分，按作品形式进行临习。全临也叫通临，是从头到尾对照原帖一字不差地通幅描写。原帖字数不多，既可以按原帖形式进行临习，也可以重新排列。每个临习者对原帖的理解不同，书法水平不同，作品会各有特点。集字是从原帖中选出所需的一个个单独的字，重新组合成新的内容，一般比临帖难度要大。因为这些字在组合之后，存在字与字搭配关系的变化，也要根据新的关系进行局部调整。但是，这种调整不能改变原字的形态和原帖的风格，也就是说要忠实于原帖。

【基本技能】

临帖的技巧

临帖时要将范帖放在一旁，凭书写者自身的观察、理解和记忆，对着范本反复临写。常用的临帖形式有四种，也可以说是四个阶段。

1. 对临

对临是把范帖放在眼前，一笔一画对照着写，是基本的临帖方法。最初使用这种方法时，看一眼动一笔，易使字的结构松散。因此学习者要加强读帖，慢慢做到可以看一眼写一个偏旁、一个字甚至几个字。

2. 背临

背临就是不看范帖，凭借自身的记忆书写临习过的字。这种方法不需要死记硬背字的具体形态，而是掌握规律，写出最基本的特点，可以说是初步的意临。

3. 意临

意临就是把关键放在对神韵的整体把握，尽管意临不要求和原帖处处相同，但是在写法上要体现原帖的风貌。

4. 创临

创临是在书写者对范帖的点画、结构、风格有完整认知的基础上，书写范帖之外的字，独立创作作品。虽然仍要求与范帖相似，但是有更大的自主性和灵活性。这是临帖的最后一个阶段，也是独立创作的开始。

【诗书人生】

闻葛工部写华严经成随喜赋诗（节选）

宋·陈与义

怪公聚笔如须弥，经成笔尽手不知。

凌云题就韦诞老，愿力所到公何疑。

赏阅：

惊异于葛公凝聚笔力仿佛高大的须弥山，华严经抄完笔亦用尽手已麻木没有知觉。题就"凌云台"三个字使得韦诞须发尽白，善愿功德之力所到之处就是如此不可思议，葛公不必以为怪异。

陈与义（1090—1138），字去非，号简斋，洛阳（今属河南省）人，宋代诗人，也工于填词。有《简斋集》。

【翰墨书香】

书者如也，如其志，如其学，如其才，总之曰如其人而已。贤哲之书温醇^{chún}，骏雄之书沉毅，畸士之书利落，才子之书秀颖。

——清·刘熙载《艺概·书概》

赏阅：

书法和人一样，如同人的志向、学问、才华，总之是字如其人。贤明的人书法温厚淳朴，豪迈的人书法深沉刚毅，独行脱俗的人书法利落，才华超迈的人书法秀气别致。

刘熙载（1813—1881），字伯简，号融斋，兴化（今属江苏省）人，清代经学家、文学家、文艺理论家，曾任广东学政。有《艺概》等。

【乾坤通识】

说文解字

《说文解字》，成书于东汉，作者为许慎，是中国第一部系统的分析字形和考究字源的字书，也是世界最古的字书之一。《说文解字》原书十四卷，叙目一卷。今存宋初徐铉（xuàn）校定本，每卷分上下，共三十卷。正文以小篆为主，收9353字，古文、籀文等异体重文1163字。

《说文解字》对后世产生了深远的影响。首先，该书从上万个汉字中通过区别偏旁和部首，分类归纳成 540 个部类，开启了汉字按部首编排的汉字字典编纂（zuǎn）方法。其次，该书在说解内容中首次阐述了六书的内容，贯穿了六书的原则，对六书分别下了定义，举了例字，后世讲六书都沿用许慎的名称和定义。第三，该书收录了汉字形体的多种写法，为研究汉字提供了宝贵的古文字资料，也为推究上古文字的本意给予极大的便利。因此，《说文解字》是中国语言文字学的宝库，在文字、训诂和音韵等方面都具有极高的价值。

【知学思考】

1. 什么叫临帖和集字？临帖分为哪几个阶段？

2. 联系实际，谈谈你对"书者如也，如其志，如其学，如其才，总之曰如其人而已"这句话的理解。

【知行合一】

1. 掌握临帖、集字的相关知识，并尝试进行相关练习。

2. 与家人、朋友分享故事《韦诞题词》和陈与义的《闻葛工部写华严经成随喜赋诗》（节选），感受韦诞高空书写牌匾时的专注。

3*. 欣赏赵孟頫《前后赤壁赋》，对比前后二赋风格的同时，体会"笔力遒劲、挥洒自如"的特点。

　　《前后赤壁赋》，又称《赤壁二赋帖》，纸本，纵 27.2 厘米，横 11.1 厘米。赵孟頫在书法上主张恢复王羲之、王献之父子的法则，其书法风格圆润清丽。《前后赤壁赋》书于赵孟頫 48 岁，精力、体力都处于顶峰阶段，书法点画有力，结构周密，笔法稳健酣畅，可以说是赵孟頫的书法奇珍。前后二赋虽同时所作，但风格上稍有不同。前赋提按起伏跳跃较大，笔画刚劲但是略有生涩；后赋则温润洒脱，笔画成熟。

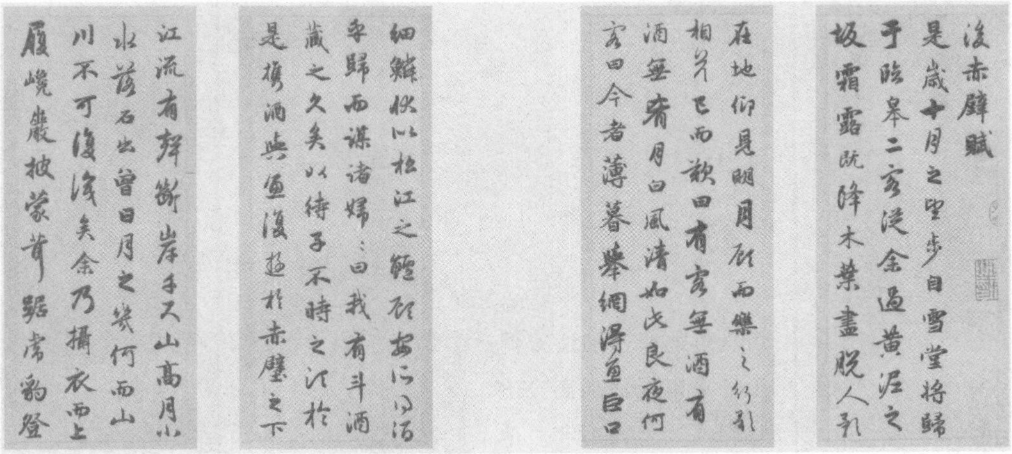

元 · 赵孟頫《前后赤壁赋》（局部）

【历史典故】

物我两忘

　　明末清初书法家傅山，平素性情孤高，不肯轻易为他人写字。他认为书法必须要有所创新，不能因循守旧、片面追求数量。

　　当时有位挚友向傅山求一幅以李白的《静夜思》为内容的书法，他坦率地告诉朋友："我作书前，要先观察天地万物，有所领悟后展纸泼墨，一挥而就。今君之书事，约定以中秋为期，如果天气清爽，风定月明，当准备纸笔。"

　　到了中秋节那天，天朗气清，朋友十分高兴，设宴盛情款待。夜幕降临，傅山书兴大发，他命侍者研好墨，将四尺玉版宣平铺于桌面，并取来铁界尺镇住宣纸的四角。不多时，一轮圆月高高挂在夜空之中，散发出银色的光华。

　　傅山命侍者取来墨盘，并且要求众人退出房去，独自提笔作书。朋友觉得好奇，悄悄躲在门后观察傅山的举动。一会儿，他见傅山走到书桌旁，一通乱写，接着又对着窗外的皎月发呆，突然手舞足蹈，急奔乱叫。朋友见状非常吃惊，以为傅山神经错乱，连忙跑到他背后用力抱住。傅山回头一看，见是自己的朋友，便十分惋惜地说："你败坏了我的书兴啊！"说着掷笔揉纸而去。朋友拾起宣纸，瞧着那张尚未完成的作品，十分后悔地说："傅山作书，物我两忘，我真不该打扰他啊！"

　　阅读启示：该故事告诫我们，作书如吟诗讲究应景，在书法创作时要神情专注，物我两忘。

【基础知识】

小稿初排

　　创作书法作品首先要认真选择内容，确定字体，最好先作出小稿，然后针对小稿进行练习。原帖中熟悉的字少练，不熟悉的字多练。每个字都掌握后再通篇练习，把重点放在字间的搭配、变化以及呼应关系上。然后再加上落款的综合练习，反复练习熟练后再在宣纸上正式创作。对于初学者来说，应多写几张、十几张甚至更多，直到满意为止；或者从中挑选出最好的一幅作为正式作品。

【基本技能】

书法创作注意事项

　　一幅书法作品大致要经过内容选取、构思、书写小稿、正文反复练习、形式创新、落款的综合练习、正式书写创作等创作过程。在进行书法创作时通常有如下注意事项：

1. 书法创作的基本原则

　　线条要坚而浑，行笔要稳健轻便，整体纵向走势；结体要注意重心的疏密、高低等变化；章法要在变中求连贯，疏朗有致。

2. 用笔技巧

　　在进行书法创作时，要掌握以下技巧：重新起笔用浓墨；字的轻重要有过渡，切忌团状；粗笔要结实，细笔要有韧性；中锋和侧锋并用，做到八面出锋；笔势结束用干笔等。

3. 布局技巧

　　注意一字不能成行；行距和字距不能相等，字与字之间做到上下呼应，错落有致；整体布局上重下轻，气脉贯通。

4. 落款注意事项

　　两行落款要保持右高左低，中间不换笔；落款要注意轻重比例，切忌留空过多；印章以三个以内为宜。

【诗书人生】

行路难（节选）

唐·李白

行路难！行路难！
多歧路，今安在？
长风破浪会有时，
直挂云帆济沧海。

赏阅：

世上行路多么艰难，多么艰难；眼前许多歧路，我该走向何方？但是我相信总有一天，可以乘长风破万里浪，将云帆高高挂起，在沧海中勇往直前抵达远方！

本诗表达了作者对于理想的执着追求和强大的精神力量。

【翰墨书香】

作书能养气，亦能助气。静坐作楷法数十字或数百字，便觉矜躁俱平。

——清·周星莲《临池管见》

赏阅：

研习书法可以涵养、助长胸中的元气。静心坐下来写楷书数十字或数百字，就觉得骄矜浮躁的不良情绪全都平息了。

周星莲（约1818—1878），字午亭，仁和（今浙江杭州）人，善书法，有《耕堂诗钞》《临池管见》。

【乾坤通识】

书　品

书品是中国古代对书法家及其作品作出品评的著作。它或分品第论述其高下；或不分品第而评其优劣，是早期书论中的一种体裁。作者见解多通过品评书法家及作品来表达，虽然有时摘录书家小传、逸事，但着重阐发或说明其艺术特点、人品风貌，而不同于书史之偏重记载生平事迹。

这种体裁是受魏晋时期士族阶层对人物进行识鉴、品藻的习尚影响而产生的，盛于六朝、隋、唐，元明之后著述渐为稀少。南朝梁袁昂奉敕（chì）撰《古今书评》，共列25人，分别用简单的语句品评其风格，是为书品之发端。庾（yǔ）肩吾的《书品》，载汉至齐、梁能书者123人，分上中下品，每品又分上、中、下，合而为九品，各系以论，体例严谨。南朝齐王僧虔《论书》等作。唐代李嗣（sì）真撰《书后品》，加逸品一等，载80余人，文辞绮错，条理井然。张怀瓘《书断》，三卷，卷上列书体十类，述源流，附之以赞，次为总论；卷中、卷下，始分神妙能三品，各以体分，评品百余书家。随着书法理论的发展深入，其后论书之著多不拘泥于品评一体，而渐融于内容更为广泛、繁富的书论之中。

【知学思考】

1. 想要创作一幅完整的书法作品，要经历哪些过程？盖章的位置有什么讲究？
2. 联系实际，谈谈你对"作书能养气，亦能助气"这句话的理解。

【知行合一】

1. 掌握书品创作的过程，并尝试独立完成一幅作品的创作。
2. 与家人、朋友分享故事《物我两忘》和李白的《行路难》（节选），想一想自己有没有做某件事时也达到了物我两忘的状态，然后再想一想自己做某件事碰到困难时，有没有乘风破浪前行的勇气。
3*. 欣赏祝允明《草书诗帖》，体会作品笔意纵横，自然奔放的特点。

　　《草书诗帖》是祝允明的代表作品，纵36.1厘米，横147.5厘米，纸本，内容为曹植《乐府》四首。

　　草书尤其是大草，笔意重于笔法，纵情奔放，酣畅淋漓，应体现出强烈的韵律感和节奏感。明代书法尚势，书法向大幅发展，雄浑的笔力、奔放的气势和对比强烈的章法布局缺一不可，其中最负盛名的当推祝允明。

　　祝允明的草书舒张开放，笔力遒健，乱中有序，看似虚散，实则气脉贯通。《草书诗帖》是祝允明晚年的作品，总结了他毕生的书法感悟，包含欧体的筋骨、颜体的雄厚、褚遂良的秀丽以及虞世南的丰腴，加之祝允明本身的豪放不羁，此帖通篇天真烂漫，潇洒恣意，被誉为明代奇才草书绝品。现藏于台北故宫博物院。

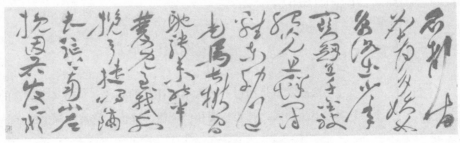

明·祝允明《草书诗帖》（局部）

第三十六课 书品欣赏与审美

【历史典故】

慧眼鉴书

唐代书法家褚遂良不仅写得一手好字，在书法鉴赏方面也是独具慧眼。书法家虞世南病逝后，唐太宗便一直闷闷不乐，心中十分惋惜，对魏徵说："虞世南去世后，就没有人能和我讨论书法了！"魏徵思考片刻，道："褚遂良下笔遒劲，甚得王逸少书体的要领，可谓后起之秀！"于是唐太宗立刻召见褚遂良，后任命他为侍书。

有一次，唐太宗无意中得到一卷古人墨宝，判定是王羲之的手笔，就拿给褚遂良看。褚遂良观察良久后，摇头说："这是王书的赝（yàn）品。"唐太宗忙问其中缘由。褚遂良用手指着帖中的"小"和"波"两个字说："这两个字中的点和捺是写了两次才写成的，王羲之的书法笔走龙蛇，超妙入神，不应有这样的败笔，所以这应该是后来书家的临本。"

唐太宗捧起书帖，凑近仔细瞧了瞧，一时还没有弄清楚褚遂良的话。于是褚遂良恭敬地说："皇上把这卷书法拿起来，透过太阳光看看就一清二楚了！"唐太宗按照他的说法去做，发现这两个字的点和捺中，果真有一层比外层更黑的墨痕。此后，唐太宗每征集到王羲之及其他名家的墨迹真假难辨之时，总要请褚遂良帮他鉴定。后来，褚遂良还奉命为这些珍贵的书法编定目录，珍藏于宫廷内府。

阅读启示：我们学习书法，不仅仅是学习技能，更要在学习的过程中研究古人优秀作品的内涵门道，总结他们的书法风格，培养一双能够鉴赏书法作品的慧眼。

【基础知识】

书法作品欣赏

书法欣赏就是通过对优秀书法作品的品评，领略其中蕴含的美。每一个学习书法的人，都要掌握如何读懂、评价、欣赏一幅书法作品。

书法的审美标准包括形与神两方面。形是点、画、线条以及书法的空间结构，而神是书法作品所蕴含的神采风格。

从形上看，每个字都要结构平整，疏密有致；一行之内要呼应连贯，承接有度；通篇的布局则是要欹正相生，参差错落，变化多姿。

从神上看，一幅具有神采的书法作品，一方面以精熟的创作技巧作为前提和基础，另一方面则是书写者具有心态平和、物我两忘的心境，书写自己最真实的性情，在书法中融入自己的知识修养和审美趣味。

【基本技能】

欣赏书法作品的方法

欣赏一幅书法作品，要遵循人类认识活动的一般规律，从布局、气韵、节奏、结体、线条等方面切入。

首先，从整体到局部，再由局部到整体。先是着眼全局，大致了解这幅作品的表现手法与艺术风格；再从局部观察用笔、结字、章法、墨法等是否兼备；然后从远处通观全篇，从宏观、微观角度赏析作品的表现手法与艺术风格是否协调，哪里精彩，哪里尚有不足等，重新站在一定的高度予以把握。

其次，要展开联想，根据作品的点画，想象作者创作时用笔的节奏和力度，以及情感的变化。换句话说就是模拟作者的创作过程，正确把握作者的创作意图和情感态度。

再次，要正确领会作品的意境，联系现实生活，把书法形象和现实生活中的事物进行比较，再由这个现实事物的审美特征联想作品的审美价值，进而领会作品的意境。

最后，要站在作品的创作时代背景的角度，正确把握作品的感情基调。任何一件书法作品都是特定历史文化背景下的产物。只有充分了解作品的创作年代以及创作环境，才能更好地、准确地了解作者的创作意图。

【诗书人生】

读 书

唐·皮日休

家资是何物，积帙列梁梠。

高斋晓开卷，独共圣人语。

英贤虽异世，自古心相许。

案头见蠹鱼，犹胜凡俦侣。

赏阅：

家中的财产是什么，就是满满一屋的书籍。清晨在高雅的书斋里缓缓展开书卷，独自与圣贤对话。贤人尽管处于不同的时代，但自古以来他们在内心却是互相欣赏的。在书桌上看见书的喜悦之情，胜过相见阔别已久的好友。

本诗表达了作者对读书的喜爱。前两句以设问的方式提出堆满一屋的书籍是最值得夸耀的家资；三、四句写开始读书；五、六句指出写圣贤书的贤人虽已不在，但自己却很赞同他们的观点；最后两句运用对比来强调对读书的喜爱。

皮日休（约834—约902），字袭美，自号鹿门子，襄阳（今属湖北省）人，晚唐文学家，曾任黄巢的翰林学士。有《皮子文薮（sǒu）》。

【翰墨书香】

然造诣无穷，功夫要是在法外，苏文忠公所谓"退笔如山未足珍，读书万卷始通神"是也。

——清·朱履贞《书学捷要》

赏阅：

书法艺术所能达到的境界没有穷尽，功夫主要在法度之外，正如苏轼所说的："用坏的笔堆成山，也未必能写出好的作品，多读书才能开始达到神妙的艺术境界"。

朱履贞（生卒年不详），字闲泉，秀水（今浙江嘉兴）人，清代书法家。有《书学捷要》。

【乾坤通识】

书画收藏

书画收藏是指对书画的收集、管理、保护、研究、交流和弘扬。收藏书画可以保存和传承文化，陶冶性情，是一件利国利民的事。关于书画的保养问题，可大致分为以下三方面。

挂　书画的展示功能和收藏功能是并存的，但是张挂是否得法，会直接影响书画的寿命。一般来说，书画作品不宜张挂过久，且不要在潮湿的阴雨天中张挂，避免发霉而出现斑点，损坏书画。还需经常用软毛刷或鸡毛掸轻轻清扫，保持清洁，防尘防虫。

收　书画作品张挂一段时间后，要入箱存放。入箱前，应先掸去灰尘，用丝绸、丝绢一类的软料轻轻抹净后卷好。卷时要注意先松卷后慢慢卷实，捆扎不能过紧或过松。卷扎好后可用旧报纸包裹，旧报纸的油墨可以驱虫，同时可在报纸与书画之间用牛皮纸相隔，避免油墨渗坏书画。对于名贵的书画藏品，还应专门配置书画袋，材质最好是棉质，不可使用密不透风的塑料袋和胶袋，否则易发生霉变。

藏 存放书画的箱子最好为樟木所制，为了防止湿气入侵，可在箱体外涂抹漆层。此外，也可用铁皮柜存放。在箱柜中要放入适量的樟脑球以及吸潮剂，天气好的时候，要把书画取出来张挂几天，既可赏玩，也可以让书画透透气。古人大多在春、秋两季晒画，除了品味作品的艺术性，也可以发现书画存放中出现的问题并及时处理。

【知学思考】

1. 欣赏一幅书法作品，要从哪几个方面、按哪些步骤进行？

2. 联系自身，谈谈你对"退笔如山未足珍，读书万卷始通神"这句话的理解。

【知行合一】

1. 了解书法作品欣赏的标准和步骤，尝试欣赏一幅简单的书法作品。

2. 向家人、朋友分享故事《慧眼鉴书》和皮日休的《读书》，懂得家庭中最宝贵的不是物质财富而是精神财富，只有精神富足才是真正的贵族，才是可以代代相传、经久不衰的贵族。

3. 学习此书后，和家人朋友探讨什么是书法，写字和书法有何异同，书法与做人有哪些联系，在今后的学习生活中，怎样更好地练习书法。

本单元教学建议

◎**教学目标**

1. 了解并掌握书法的创作形式、格式要求的相关知识。

2. 能够在老师的指导下进行临摹和集字练习。

◎**教学重点**

1. 能够独立创作一幅完整的书法作品。

2. 了解书法鉴赏与审美的基本要求和方法。

◎**教学难点**

能够根据所学知识对一幅书法作品进行鉴赏、点评。

◎**广览博学**

1. 搜索、阅读包世臣的《艺舟双楫》（节选）。

2. 搜索、阅读朱履贞的《书学捷要》。

3. 搜索、欣赏传世十大名帖之《草书千字文》。

4. 搜索、欣赏传世十大名帖之《前后赤壁赋》。

5. 搜索、欣赏传世十大名帖之《草书诗帖》。

6. 搜索、了解历代名家书法大全。

编后记

　　以浙江大学、西泠印社、中国美术学院、中国围棋协会、浙江师范大学、浙江音乐学院等单位的知名学者为学术指导，由浙江大学出版社出版，新华书店重点推广发行的《中华人文素养教程》（简称《素养教程》），历时三载，六易其稿，即将付梓出版。《素养教程》是二十多位学者专家、十多位专职编辑人员和三十多位国学才艺任课教师，以及浙江大学出版社专业人士心血和智慧的结晶，是人文素养教育"十三五"时期的重大研究成果，是我国深入实施中华文化伟大复兴大计和教育部行将颁布新教材之际重要的人文素养教程。

　　浙江大学以及文化部、全国文联、中华文化促进会、浙江大学出版社的有关领导、专家对《素养教程》的研发工作十分重视，多次对编著方案、编辑团队、课程大纲、教程体例等予以指导。乙未年仲秋，印发了《素养教程课程大纲》和《素养教程编辑标准、体例和工作方案》，向二十几位具有教材编著、出版经验的学者、专家征求意见，组织召开论证会，进行了三轮修正，最终经楼含松、余潇枫、潘新国、杨念迅、贺海涛、毛德宝等知名学者专家审定。《素养教程》编著工作由具有教材教法专业知识、教学教研实践经验和人文素养教育学术造诣的李德臻先生持纲主编，编审由具有深厚汉语言文字功底和丰富教材编辑经验的潘新国、杨念迅先生担任，国学、古筝、围棋（级位卷）、书法（楷书卷）、国画（花鸟卷）、生活美学六科教程分别由黄灵庚教授、盛秧教授、何云波教授、魏峰教授、蒋跃教授、陈云飞研究员担任学术指导，毛德宝教授任美学指导，张中宁女士任执行主编。张中宁、朱心怡、李云蕾、高阳梦觉、盛梦雪分别负责相关科目文献整理、基础编辑和校对工作，黄菊负责插画等工作，李晔子、李雨童分别负责编辑部行政、大纲论证、编辑通联和制图、摄影、版面初设等工作。编著期间，多次印发各科目教程篇目样章以征求相关学者专家和任课教师的意见，先后组织二十多次编审会议，精心修改，至戊戌年孟秋《素养教程》完稿，提交浙江大学出版社审定陆续付梓出版。三年来，诸专家学者和编辑人员，凭着对承扬中华优秀传统文化的高度使命感和责任感，为《素养教程》研发工作付出了不懈的辛劳。在此，表示衷心的感谢！

　　《素养教程》研发是一项庞大的系统工程，需要大量的财力、智力和时间投入，需要方方面面的配合和支持。在整个研发过程中，得到故宫博物馆、中华珍宝馆、中国知网、北京大学图书馆、浙江大学图书馆、中国美术学院图书馆、西泠印社、浙江省图书馆、浙江美术馆、杭州市图书馆等单位的文献支持；得到陈劲、李圣华、吴惠青、胡朝东、沈志权、王平、周刚、洛齐、王琦、古宗耀、田仙珺、董闰聪、晏鸽、汤汤、邹唯成等学者和葛玉丹、冯社宁、沈爱云等出版界专家的指导；得到胡荣达、邹志刚、陈军、何燕、李真、颜天明、于顺喜、李向阳、王俊良、李志龙、叙音、董岩、颜永刚、林桂光、蔡唯敏、左睿、张尧、胡金、高飞等亲朋好友和业界同仁的帮助；得到袁秀粉、邓雅丹、王亦微、李淑媛、骆稽泓、徐亦林、江洁、吕京、金迅兆、董俐妤、韩云清等国学才艺教师的配合，许艳、沈玲、王鹏飞、陈翰丹、施双、吴莹等教师参与了教程研发前期的文献整理、编辑、插画、题款、摄影、制图等工作。在此，一并表示诚挚的感谢！

　　由于编著出版工作时间紧、任务重、体例新、现成文献缺乏、工作难度大，《素养教程》存有不足之处，恳请专家、学者、任课教师和广大读者予以批评指正，以便今后进一步修正完善。谢谢！

我们的联系方式：

电话：0571-88955339

邮箱：rwsydzmz@163.com　　rwsyzzn@163.com

编　者

二〇一八年八月二十七日

专家评语荐言

§ 传承弘扬优秀传统文化，需要对传统文化进行分析鉴别，去芜存菁；需要通过当代化阐释，体悟式传播，让优秀传统文化精神深入人心。《中华人文素养教程》在这方面做了有益的探索。

——楼含松（浙江大学人文学院院长，古典文学理论家）

§ 德臻先生主编的《中华人文素养教程》从诗教、史学入手领悟汉字、乐曲、画面的意境，从而涵养学生的审美情怀和激发学艺兴趣，继而循序渐进地习修才艺。这是对传统才艺教学的一个创新，也是创新必备的人文艺术基础。

——陈劲（清华大学技术创新中心主任，教育部科技委管理学部委员）

§ 敦邀先生的责任担当在《中华人文素养教程》上得以完美诠释。"少年强则中国强，国学盛则中国盛。"本套教材中的琴棋书画诗礼以及茶艺、花艺、香艺、女红、服饰、妆容等才艺，无不彰显中华文化之博大精深。该教材编辑正规严谨，合乎规范，特荐为全国才艺海内外必用国标教材。

——贺海涛（全国才艺测评委员会主任，文化部中国书画院院长）

§ 上世纪八十年代，我与德臻先生合作过"学生整体素质教育实验"项目。时隔三十年，他仍不辞辛苦地耕耘在这方热土上。最近他主编出版的《中华人文素养教程》，将德育、美育、诗教、礼教、家学融进才艺教学中，真正体现了人文素养教育的本质，可以说是他不了的教育情怀、学术思想和淑世精神的一个完美结晶。

——董闰聪（全国优秀教师，浙江省首批功勋教师、特级教师）

§ 李德臻博士主编的《中华人文素养教程》集琴、棋、书、画、礼、仪、乐基础知识于一体，易学易懂，是少年儿童成长不可或缺的教科书。

——田仙君（中国人民大学少年新闻学院副院长，儿童诗歌著名诗人）

§ 李德臻院长主编的《中华人文素养教程》系统全面、丰富扎实，凝结众多专家学者的智慧和心血，能给当下青少年在家国情怀、人格修养、审美情趣等方面有趣、有效的熏陶和引领。

——汤汤（儿童文学著名作家、浙江省作家协会副主席）

§ 谁言文艺只言情？培铸根魂建世勋。笔底风云千万里，澄清玉宇大德行。——祝贺南木子先生主编的《中华人文素养教程》成功出版。

——王平（中国国家画院研究员，《中国美术报》执行总编辑）

§ 李德臻教授主编的《中华人文素养教程》不仅是一套艺术技法传授的教程，更是一套促进学生人文素养提升的教科书，强调的是中华优秀传统文化的传承，是我们实现"中国梦"的文化基石。

——毛德宝（中国美院出版社画册编辑室原主任、美术副编审）

图书在版编目（CIP）数据

中华人文素养教程·书法（楷书卷）/李德臻主编. —
杭州：浙江大学出版社，2021.6
ISBN 978-7-308-20057-8

Ⅰ.①中… Ⅱ.①李… Ⅲ.①人文素质教育—中国—教材
②汉字—书法—教材 Ⅳ.①G40-012 ②J292.1

中国版本图书馆CIP数据核字（2020）第032857号

中华人文素养教程·书法（楷书卷）

北京（全国）艺术素质测评指定教程

李德臻　主编　潘新国　编审　魏　峰　学术指导

策划编辑	葛玉丹
责任编辑	冯社宁
文字编辑	张中宁
责任校对	董雯兰
封面设计	项梦怡
出版发行	浙江大学出版社
	（杭州市天目山路148号　邮政编码310007）
	（网址：http://www.zjupress.com）
排　　版	浙江时代出版服务有限公司
印　　刷	浙江新华数码印务有限公司
开　　本	889mm×1194mm　1/16
印　　张	19.25
字　　数	430千
版 印 次	2021年6月第1版　2021年6月第1次印刷
书　　号	ISBN 978-7-308-20057-8
定　　价	48.00元